Mosaik

Imre Kusztrich

Die neue superleichte
Kartoffel-Diät

*Schlank werden leicht gemacht
mit rund 150 erprobten Rezepten*

MOSAIK VERLAG

Titelfoto: Michael Brauner
Rezeptfotos: Pete A. Eising (S. 45, 91),
The Food Professionals (S. 24, 52, 117, 122),
Ulrich Kerth (S. 63); alle übrigen Fotos Michael Brauner
Alle Rechte beim Verlag
Einbandgestaltung: Martina Eisele
Redaktion: Heike Pressler

Der Mosaik Verlag ist ein Unternehmen
der Verlagsgruppe Bertelsmann

© 1993 Mosaik Verlag GmbH, München / 5 4 3 2 1
Satz: Filmsatz Schröter GmbH, München
Reproduktionen: Artilitho, Trento
Druck und Bindung: Alcione, Trento
Printed in Italy
ISBN 3-576-10396-1

Inhalt

Eine wirklich tolle Knolle

Zweimal täglich! Das ist Ihr Rezept. Für Wohlbefinden. Gesundheit. Und einen makellosen Körper.

Entdecken Sie in diesem Buch, wie toll diese Knolle in Schale ist. Sie besitzt noch mehr Gesund- und Schlankmacher, als bisher bekannt war. Und hat dabei sogar noch weniger Kalorien, als lange angenommen. Die Kartoffel entschlackt und entgiftet. Ihr Saft tankt Sie auf mit Superkraft. Die wasserdichte Schale läßt Schadstoffe draußen. Dicht darunter sitzen die wertvollsten Wirkstoffe. Verzichten Sie nicht länger darauf! Jede Knolle macht Sie gesünder. Jeder Bissen macht Sie schlanker.

Und das allerwichtigste: Keine Diät schmeckt besser. Die sanfte Kartoffel verträgt sich ideal mit jedem Gewürz. Und zwischendurch ist sie ganz süß (zum Beispiel als Kaiserschmarrn). Also, hatten Sie heute schon Ihre Kartoffel?

Provençalischer Fischtopf
(Rezept Seite 110)

Die Kartoffel - vollgestopft mit Gesund- und Schlankmachern

Die Kartoffel ist ein biologischer Top-Star. Das werden Sie auch. Sobald Sie ihr richtig auf die Pelle rücken.

Der Siegeszug dieser unscheinbaren Knolle ist erstaunlich: Vor wenigen Jahren noch als Dickmacher verteufelt, traut sie heute ihren eigenen Augen nicht. Sogar die Schönsten und die Reichsten genießen sie jetzt von den feinsten Tellern. Schwedens Königin Silvia, zum Beispiel.

Bis unter die wasserdichte Schale ist die Kartoffel mit wichtigen Vitaminen, Enzymen und Mineralstoffen vollgestopft, alles Gesundmacher und Schlankmacher. Je mehr Sie sich davon gönnen, um so besser für Ihren ganzen Körper.

Sie lesen richtig: Die Kartoffel-Diät, die dieses Buch Ihnen schmackhaft machen soll, wirkt durch Essen, nicht durch Hungern.

Dafür habe ich die besten Rezepte zusammengetragen. Und viele Anregungen für Sie, die Kartoffel-Küche appetitlich zu veredeln, verführerisch zu garnieren und raffiniert zu servieren.

Zweimal täglich Kartoffeln für feine Gaumen. Das macht Ihre Diät so leicht wie nur möglich. Sie werden staunen und vielleicht sogar begeistert sein. Denn sie ist wirklich nicht streng.

Ein paar Beispiele: Sie dürfen ohne weiteres mal mit einer Prise Salz würzen. Sie dürfen sogar Butter genießen.

Und sich zwischendurch auch ein Stückchen Fleisch gönnen (warum Sie dennoch dabei immer schlanker werden, steht auf den nächsten Seiten).

Mit dieser Kartoffel-Diät bauen Sie nicht bloß überflüssige Pfunde ab (was ja eine gewisse Anstrengung für den Organismus bedeutet). Sie ist gleichzeitig eine Aufbau-Kur für den ganzen Körper. Beobachten Sie sich ruhig im Spiegel. Ihre Haut beispielsweise kann schöner werden. Mitunter verschwinden sogar Tränensäcke. Denn, wie gesagt, einige Substanzen der Kartoffel entwässern. Wundern Sie sich nicht, wenn Sie auf einmal tiefer und besser schlafen. Sie werden sich insgesamt wohler fühlen. Und vielleicht sogar weniger Beschwerden haben.

Aber das Auffälligste wird Ihre neue, schlankere Figur sein. Diese Belohnung ist Ihnen sicher. Sie werden sie nicht über Nacht erleben. Eine Weile müssen Sie der Kartoffel schon treu bleiben. Zwar bewirkt schon ein allererster Kartoffel-Tag (siehe Seite 40) ein winziges Wunder. Aber am Ende winkt ein viel, viel größeres Ziel.

Deshalb zeigt Ihnen dieses Buch, wie toll die Kartoffel in Schale ist. Und warum sie es verdient, Dauergast in Ihrer Küche zu sein.

Diese neue Diät gestattet Ihnen lässige Gaumensünden. Und verlangt von Ihnen nie, hungrig zu Bett zu gehen. Dieses Buch verführt Sie zu einer langen Partnerschaft mit der treuen Knolle. Für Ihren Entschluß und Ihre Ausdauer werden Sie reichlich belohnt.

Also, mögen Sie Kartoffeln? Dann kann ich Ihnen nur gratulieren.

Abnehmen mit der Kartoffel-Diät

Keine Schlankheitskur ist idealer oder gesünder

In den allermeisten Schlankheitsbüchern kommt das Wort Kartoffel kein einziges Mal vor. Schon deshalb ist diese Diät ganz anders. Genau das Richtige für alle, die ihre Abmagerungskur dick haben.

Jahrhundertelang haben unsere Vorfahren als ihr vielseitigstes und wichtigstes Heilmittel die Kartoffel geschätzt. Schon äußerlich leistet sie Wunderdinge. Ihr roher Saft lindert Wunden und bekämpft Verbrennungen. Als Pellkartoffel oder zum Püree gerührt, kurieren ihre Wirkstoffe auf schonendste Weise Magengeschwüre und angegriffene Schleimhäute. Und aus der modernen Medizinforschung wissen wir: Der Genuß von Kartoffeln verringert den Bluthochdruck und entlastet das Herz.

Aber am verblüffendsten ist die fast unglaubliche Rolle dieser Knolle als Schlankmacher. Ihre wichtigste Substanz dabei ist der Mineralstoff Kalium. Zwar kommt in einem Kilogramm Kartoffeln nur etwa ein halbes Gramm davon vor. Der Effekt jedoch ist enorm. Kalium preßt jeden Tropfen unnütze Flüssigkeit aus unseren Zellen und Poren (deshalb werden zum Beispiel über Nacht manche Tränensäcke kleiner). Das erweist sich mehrfach als Segen.

Jede Abspeck-Diät erlebt unser Organismus erst einmal wie einen Ernährungs-Notfall. Auf unseren Tellern landet plötzlich viel weniger Energie (Nahrung), als wir verbrauchen. Augenblicklich schaltet der Körper auf Ersatz-Versorgung. Etwa indem er für solche Umstände angelegte Nahrungsvorräte aufzehrt. Das sind unter anderem seine Fettpölsterchen aus üppigeren Tagen. Oberstes Prinzip ist auch in Hungerzeiten die Aufrechterhaltung aller wichtigen Körperfunktionen. Deshalb bedient sich der unterversorgte Organismus nicht allein aus Fettzellen. Sondern er greift generell auf entbehrliches Eiweiß zurück. Zum Beispiel Muskeln (das ist schon weniger schön). Und greift sofort Abfallhalden voller Schadstoffe an, die im Verdauungsbereich an vielen Stellen vorhanden sind. Während die Stoffwechselsysteme in diesem Versorgungs-Notfall solche Giftanhäufungen wieder und wieder nach verbrennbaren Substanzen, nach Energie analysieren, überschwemmen aufs neue freigesetzte Giftwellen von dort aus den gesamten Organismus (Übelkeit, Unlust oder Kopfschmerzen während einer Abmagerungskur können diese Ursachen haben – nicht Launen, sondern eine Art Vergiftung).

Das ist bei jedem Abspecken so. Aber besonders die Kartoffel-Diät sorgt ganz natürlich dafür, daß Ihr Körper diese Schadstoffe auf schnellstem Wege los wird. Durch natürliche, regelmäßige und intensive Ausschwemmung. Das garantiert Ihnen mit jedem Bissen der Mineralstoff Kalium, der in der tollen Knolle reichlicher als in jedem anderen Nahrungsmittel vorkommt.

Wie wichtig, wie heilsam, wie wertvoll eine solche Selbst-Entgiftung in unserer von Umweltverschmutzung und Schadstoffbelastung bedrohten Zeit ist, kann jeder von uns selbst ermessen. Mit ihrem Kalium befreit die Kartoffel den Körper von aufgestauter Flüssigkeit. Manche merken das an ihrem Gesicht. Andere spüren es in den Beinen. Gleichzeitig versorgt die Kartoffel-Kost unsere Zellen mit dem lebensnotwendigen Nachschub an Flüssigkeit in wertvollster Form. Denn die Kartoffel, dieses lächerlicherweise als Dickmacher verleumdete Gewächs, besteht zu mehr als drei Vierteln aus Saft. In ihm sammeln sich völlig kalorienfrei unübertreffliche Gesundmacher, denen die Kartoffel ihre alte Glanzrolle als wunderwirkendes Hausmittel verdankt (geschabte, rohe Kartoffeln, beispielsweise, wurden auf Krampfadern aufgelegt, was Schmerzen beseitigte und die Durchblutung förderte). Was hat diese Knolle außer Kalium noch zu bieten? Da ist einmal Kalzium – wichtig für Nerven und Muskeln. Dann Magnesium – eine Herzinfarktbremse. Seine stärkste Wirkung ist die Aktivierung des Stoffwechsels und der Enzyme. Eisen und Kupfer runden den Mineralhaushalt der tollen Knolle ab. Außerdem versorgt sie uns reichlich mit vier Vitaminen: C, das wertvollste Schutzmittel vor Infektionen. Sowie B_1, B_2 und B_6, Muntermacher von Kopf bis Fuß (erste Warnzeichen bei Unterversorgung mit B-Vitaminen erkennen sogar medizinische Laien: Lippen werden rissig, Nägel brechen, Haut trocknet aus, besonders in den Augenwinkeln und rund um die Nase). Verstehen Sie jetzt, warum nicht nur

Landwirte, sondern auch Ernährungswissenschaftler ein Loblied auf die Kartoffel singen? Sie befreit von Giften, ihre Wirkung entlastet Herz und Nieren, ihre insulinartigen Hormone aktivieren, und ihr pflanzliches Eiweiß ist die ideale, leicht verdauliche Nahrung für Kranke (außerdem verursachen Kartoffeln niemals Karies). Und bei all diesen Schätzen enthalten 100 Gramm Kartoffeln lächerliche 68 Kalorien, etwa soviel wie beim Apfel. Deshalb bin ich überzeugt: Aus diesen und tausend anderen Gründen gibt es keinen idealeren und gesünderen Schlankmacher als die Kartoffel. Es muß Ihr Ziel werden, dieser unscheinbaren Knolle so lange wie möglich treu zu bleiben und sie so oft wie möglich in Ihr Herz zu schließen – also auf Ihren Teller zu holen. Etwa acht bis zehn Knollen pro Tag – darauf kommt es an. Damit Ihnen das möglichst leicht fällt, enthält diese Kartoffel-Diät erstaunliche Erleichterungen. Leidgeprüfte Diät-Opfer werden erstaunt sein. Hier die wichtigsten Grundregeln:
▷ In einem gewissen Umfang dürfen Sie essen, soviel Sie wollen. Wenn drei Kartoffel-Obstknödel Sie noch nicht satt machen, dann essen Sie vier, fünf (sogar mit ein paar in Butter gerösteten Bröseln und ein wenig Zucker). Wichtig ist nur, daß bei jeder Hauptmahlzeit die Kartoffel die Hauptrolle spielt. Alles übrige erledigen schon ihre Wirkstoffe.

Geknofelte Ofenkartoffeln
(Rezept Seite 70)

▷ Ein paar Körnchen Salz und ein bißchen Fett können die Schlankmacher der Kartoffel kaum bremsen. Das gleiche gilt für Appetithappen aus Fleisch, Fisch und Geflügel. Gönnen Sie sich ruhig ein paar Diätsünden. Umso eher und umso länger werden Sie es mit der Knolle und vielleicht ohne Berge von Süßigkeiten und Unmengen von Alkohol aushalten. Erleben und staunen Sie selbst: Die Kartoffel-Diät macht schlank durch Essen, nicht durch Hungern.

▷ Diese neue Abmagerungskur verträgt sich auch gut mit Geselligkeit. Geburtstagsfete, Grillparty, Betriebsausflug? Kein Problem. Kartoffeln gibt es fast überall. Oder fasten Sie am Tag vorher. Dann müssen Sie bei keiner Einladung abseits stehen.

Die ideale Diät für alle.
Sogar für Ihre Kinder

Wenn Sie mich fragen: Das ist eine echte Jedermann-Diät. Denken wir einmal an liebenswerte, begeisterungsfähige Menschen mit überflüssigen Pfunden. Sie haben den unbändigen Wunsch, ein paar loszuwerden, aber nicht gerade den stärksten Willen. Sie können von einer Stunde auf die andere Feuer und Flamme sein für eine Idee, zum Beispiel: Abnehmen. Aber meistens spendiert schon am zweiten Diät-Tag ein neuer Kollege eine Runde Sahne-Eis, und hinterher zieht das ganze Büro noch durch die Kneipen. Ende einer Schlankheits-Kur? Nicht bei der Kartoffel-Diät. Sie ist für willens-

schwache ideal. Erstens einmal gestattet sie Ernährungssünden und Unterbrechungen. Sie wirkt ja mit jedem richtigen Bissen sofort weiter. Zweitens zwingt sie uns weder Hunger noch einseitige, langweilige Ernährung auf (übrigens haben vor ein, zwei Jahrhunderten Erntearbeiter auf Wanderschaft, sogenannte »Schnitter«, monatelang nur von Kartoffeln und Wasser gelebt und waren dennoch die kräftigsten weit und breit). Drittens begeistert sie sogar Jugendliche. Speziell für sie gibt es die verblüffende Pommes-Diät (ab Seite 112). Aus all diesen Gründen kommen gerade verführbare, ablenkbare Mitmenschen mit der Kartoffel-Küche am besten zurecht.

Ihr Sättigungsgrad ist außerordentlich hoch. Die vielseitige Kartoffel läßt alles mit sich geschehen, so daß man sie praktisch nie überhat. Und das Ende der Kartoffel-Kur verursacht nicht zwingend den üblichen Schaukeleffekt vieler anderer Abmagerungsarten. Denn als eingefleischter Kartoffel-Fan halten Sie danach Ihre Figur fast mühelos unter Kontrolle.

Setzen Sie also auf diese Knolle. Nicht nur ein paar Tage. Wochenlang. Monatelang. Für immer. Sie ist ideal. Für jeden, der schon oder noch einigermaßen gesund ist. Für jeden, der fit bleiben oder werden will. Für jeden, der schlanker sein möchte, als er im Augenblick ist. Für jeden, der sich gerne wohlfühlt. Denn Ihr Gewinn besteht keinesfalls allein im Gewichtsverlust.

Sie müssen auch nicht kräftig, jung oder Nichtraucher unter dreißig sein. Die Schonkost der Kartoffel-Küche bekommt auch einem geschwächten Körper. Menschen mit Herzbeschwerden, mit kritischem Cholesterinspiegel oder gefährlich hohem Blutdruck gehen mit ihr kein Risiko ein. Im Gegenteil: Bei vielen Leiden wird eine derart hochwertige, ausgewogene und extrem leicht verdauliche Schonkost ausdrücklich empfohlen.

Schon viele Herzpatienten mit Übergewicht, die als schwerkrank einzustufen waren, wurden mit einer Kartoffel-Diät unter ärztlicher Anleitung kräftig ausgeschwemmt. Das hat ihr Herz-Kreislaufsystem deutlich entlastet. Zuckerkranke konnten ohne weitere Medikamente allein mit der Kartoffel-Schonkost ihren Zustand günstig beeinflussen. Sprechen Sie, wenn Sie gerade in Behandlung stehen, ruhig mit Ihrem Arzt darüber. Stimmen Sie Beginn und Dauer Ihrer Diät mit ihm ab, falls Sie stark wirkende Präparate einnehmen. Das gilt in jedem Fall für Appetitzügler und Diuretika, entwässernde Tabletten. Beides können Sie Ihren Organen nämlich ersparen. Statt dessen gibt es jetzt die Kartoffeln. Empfehlung: zweimal täglich …

Das neue Erfolgs-Programm: Mit (!) Salz, ohne (!) Waage

Am meisten interessiert Sie sicherlich: Wieviele Pfunde verlieren Sie mit der Kartoffel-Diät in welcher Zeit? Wer Kartoffeln mag, nimmt den Mund gerne voll. Ich denke an das häufig gehörte Versprechen: Jeden Tag ein überflüssiges Pfund weniger.

Unter wissenschaftlicher Aufsicht haben tatsächlich schon unzählige Versuchspersonen mit einer 7-Tage-Kartoffel-Diät zwischen vier und acht Pfund abgenommen. Aber Menschen mit beträchtlichem Übergewicht sind gerade wegen solcher Versprechungen zutiefst enttäuscht worden und haben frustriert ihre Abmagerungskur abgebrochen.

Was also dürfen Sie von Ihrer Kartoffel-Diät wirklich erwarten?

Daß der Rhythmus Essen, Ausschwemmen, Abnehmen sofort einsetzt. Er ist bei jedem Menschen gleich. Das Tempo nicht.

Beginnen wir mit dem Normalfall.

Bei einer Abmagerungskur trennt sich der Körper von Fettgewebe, Muskelfleisch und angestauter Flüssigkeit. Sie wiegt am meisten und verschwindet am leichtesten. Den Flüssigkeitsverlust erzielen Sie durch Ausschwemmen des Körpers. Je mehr Kartoffeln Sie essen, desto intensiver. Zu Beginn der Ernährungsumstellung ist das wahrscheinlich ein Viertel bis zu einem halben Liter Wasser mehr als sonst. So daß Sie nach den ersten Tagen um Millionen Tropfen leichter sind. Ein echter Gewichtsverlust, aber ein falscher Abnahmeverlust. Diese verlorenen Wasserpfunde kommen unweigerlich und als erste wieder zurück. Spätestens sobald Sie wieder die gewohnten Mengen Salz zu sich nehmen. Salz veranlaßt die Zellen, Flüssigkeit zu speichern – hat also einen gegenteiligen Effekt zur entwässernden Kartoffel. Und Salz ist nicht zu vermeiden. Es steckt im stillsten Mineralwasser und im feinsten Brot.

Die verlorenen Wasser-Pfunde rechne ich deshalb nicht zum Diät-Ergebnis. Außerdem sieht Ihnen diesen Verlust keiner an. Den merkt wirklich nur die Waage.

Warum also dafür Opfer bringen? Niemand erwartet, daß Sie beispielsweise während Ihrer Kartoffel-Diät tage- oder wochenlang völlig auf Salz und damit auf Geschmack verzichten. Wichtiger ist, sich beim Essen schon auf die nächste Mahlzeit zu freuen.

Gleich noch ein Rat, der ebenfalls von Herzen kommt: Verstecken Sie Ihre Waage! Vergessen Sie das Zentimeterband! Glauben Sie nicht länger an das Märchen, daß eine Abmagerungskur abläuft wie eine Sanduhr – jede Stunde ein bißchen dünner. Es kann Phasen geben, da zeigt Ihre Waage vielleicht 700 Gramm mehr als am Vortag. Weil Veränderungen des Stoffwechsels komplizierte Vorgänge sind. Nichts entmutigt so sehr wie Erfolg, der sich nicht zeigt. Das können Sie sich ersparen.

Auf dem Weg zu Ihrer Idealfigur helfen weder Waage noch Maßband. Nur viele Kartoffeln.

Bejubeln Sie also nicht die verlorenen Wasser-Pfunde. Was wirklich zählt, sind das Fett und die Muskeln. An sie hält sich Ihr Organismus von der ersten Stunde an, sobald ihm von außen zuwenig Nahrung zugeführt wird. Natürlich geschieht das nicht so rasant, als würde eine Raubkatze in Ihre Pölsterchen und Bizeps beißen. Ganz allmählich wandeln die Stoffwechselsysteme entbehrliches Eiweißgewebe in Brennenergie um.

Seien Sie jetzt nicht enttäuscht, wenn ich Ihnen sage, wie wenig Gewebe auf diese Weise im Laufe eines langen Diät-Tages verschwindet. Hundert Gramm, hundertfünfzig Gramm, zweihundert Gramm. Auf Ihrer Waage ist das sehr wenig. Aber im Supermarkt ist das sehr viel. Drei, vier dicke Scheiben Schinken, etwa. Und genau diese Menge Substanz verlieren Sie jeden Tag.

Dieser Gewebeverlust ist vielleicht nicht gerade beeindruckend. Aber innerhalb eines Monats summiert er sich auf rund zehn Pfund. In den nächsten vier Wochen sind es zehn weitere. Und so fort.

Das sind dann Veränderungen, die Sie sehen. Und die Sie spüren.

Wer muß eventuell in den ersten Tagen länger auf Erfolg warten? Die meisten, deren Organe bereits unter wiederholtem Diät-Mißbrauch zu leiden hatten. In solchen Fällen beginnt das Abnehmen erst, wenn der gestörte Stoffwechsel wieder einigermaßen normal reagiert. Wer also nach mehreren und vergeblichen Abmagerungsversuchen seinem Gewicht ernsthaft zu Leibe rücken möchte, dem bietet sich die Kartoffelkost dabei geradezu an. Diese ausgewogene, sättigende Ernährung ist eine wirkliche Gelegenheit, Eßverhalten und Grundumsatz wieder unter Kontrolle zu bringen.

In dieser schwierigen Situation hilft eines am besten: Packen Sie sich anfangs auf den Teller, soviel Sie wollen. Bloß nicht hungern! Ergänzen Sie die Kartoffelgerichte nach Gutdünken und Lust und Laune mit kalorienarmen Zwischendurch-Happen, von Obst bis Joghurt, von Knäckebrot bis Knabbergemüse. Meiden müssen Sie nur größere Mengen Zucker, weißes Mehl und Alkohol. Nach ein, zwei Wochen Vorbereitungszeit (in der sogar der diätgeschundene Körper bereits Gewicht verliert) sind Sie reif für das kontrollierte Abmagerungsprogramm.

Bei wem noch kann der Gewichtsverlust verzögert einsetzen? Auch Medikamente beeinflussen den Erfolg einer Schlankheitskur. Ihre Nachwirkung kann wochenlang anhalten. Aber Sie können sicher sein: Schon mit den ersten Pellkartoffeln vollziehen sich in Ihrem Körper Veränderungen, wie sie gerade nach Medikamentenkonsum willkommener nicht sein können. Das einzige, was Sie brauchen, ist Geduld. Sie haben die Gewißheit, daß selbst heimtückische Wirkstoffdepots von längst vergessenen Tabletten und Tropfen jetzt ganz schnell durch Ausschwemmen und Entgiften an Bedeutung verlieren. Schilddrüsenhormone, Pille, Antidepressiva – hier können viele Präparate genannt werden, mit denen sich der Organismus irgendwie arrangiert. Die Kartoffel-Diät knackt auch diese Sperre.

Deutsche, Schweizer und amerikanische Ärzte haben sie aus unterschiedlichsten Motiven bei Schwerkranken angewendet. Viele hatten jahrelangen, hohen Medikamentengebrauch hinter sich. Unter all diesen klinisch beobachteten Personen war nicht einer, bei dem die Umstellung auf die tolle Knolle nicht erfolgreich war. Wenn es eine Diät gibt, die auch unter schwierigsten Begleiterscheinungen fast jedem empfohlen werden kann, so ist es diese.

Zurück zur ersten Erfolgsbilanz, zehn Pfund im Monat. Natürlich könnten Sie Ihren Körper auch brutal zu Gewichtsverlust zwingen, durch Hungern und Fasten (nichts gegen diese uralte Heilmethode, aber für unseren Zweck wäre sie nicht sinnvoll). Ein Organismus, der nicht ernährt wird, reduziert seinen Grundumsatz, das ist der minimale Energieverbrauch, in Richtung Null. Die Folge: Wie in einem Winterschlaf würde der Stoffwechsel arg gedrosselt. Ihr Gewichtsverlust wäre enttäuschend gering. Ihre Lebenslust auch, so schlapp und kraftlos würden Sie sich fühlen.

Die Kartoffel-Diät, versprach ich Ihnen, funktioniert durch Essen. Weniger als etwa 800 Kalorien am Tag dürfen es auf keinen Fall sein! Besser, zuverlässiger und kaum langsamer gelingt das Abnehmen mit stattlichen Portionen und vollem Magen. Sonst wehrt sich der Organismus vehement – und er ist stärker als Sie. Die meisten Tages-Rezepte sind so gewählt, daß Sie vom Frühstück bis zum Schlafengehen 1000, 1200 und manchmal sogar noch mehr Kalorien aufnehmen. Im Mittelpunkt stehen mittags und abends immer wieder Kartoffeln. Wenn dies einmal nicht reicht und bevor Sie die Lust verlieren, ermuntere ich Sie ausdrücklich: Gönnen Sie sich zwischendurch die eine oder andere Diät-Sünde. Wenn es für Sie wichtig ist, sogar ein Stück Cremetorte. Hauptsache, Sie kehren ganz schnell zur tollen Knolle zurück. Glauben Sie mir: Es ist ein guter Trick, Ihren Körper zum Freund zu haben. Überlisten ließe er sich ja doch beim besten Willen nicht.

Die sieben besten Kartoffel-Diäten. Welche ist die richtige für Sie?

Vielleicht wollen Sie überhaupt erst einmal testen, wie Ihnen die Kartoffel-Diät bekommt, wie Sie Ihnen schmeckt und was Sie bei Ihnen bewirkt.

Beim ersten Kennenlernen geht es immer um die Frage: Mittags Kartoffeln und abends schon wieder – sind Sie dafür überhaupt zu haben? Überzeugen Sie sich selbst: kein Problem. Dafür empfehle ich Ihnen einen ganz einfachen Kartoffel-Tag. Legen Sie ihn am besten nach einem üppigen Festessen ein oder wenn Sie einmal den verständlichen Wunsch haben, den Magen zu schonen und zu entlasten. Die Anleitung dafür finden Sie auf Seite 40.

Genauso können Sie jedoch jeden beliebigen Tagesplan aus allen Kartoffel-Diäten in diesem Buch herausgreifen und realisieren.

Was könnten Sie noch ausprobieren? Da gäbe es das Kartoffel-Wochenende. Von Freitagmittag bis Sonntagabend. Sechs sehr schmackhafte Gerichte, darunter wirklich für jeden Gaumen etwas. Details ab Seite 36.

Essen Sie gerne Suppe oder Püree? Auf dieser Basis finden Sie zwei beliebte Kurz-Diäten. Ideal zum Entwässern mit erster Gewichtsreduzierung. Sehr geeignet auch für eine Umstellung auf weniger Fleisch.

Bei Teenies gibt es einen eindeutigen Renner: die Pommes-Diät. Abnehmen mit Fritten aus dem Backofen. In der heißen Luft bleiben die Wirkstoffe der Kartoffel zur Gänze erhalten. Das erklärt ihren verblüffenden Erfolg.

Auch das klappt vorzüglich: Arbeiten und Abnehmen. Mit der Büro-Diät. Stört keinen Kollegen. Die tägliche Mittags-Mahlzeit schmeckt sowohl warm wie auch kalt. Ideal für jeden, der außer Haus ißt, egal ob Verkäuferin, Taxifahrer oder Sportfischer.

Ab Seite 65 finden Sie die klassische Kartoffel-Diät über vier Wochen. Eine besonders abwechslungsreiche, schmackhafte Schlankheitskur.

Wer sich ihr noch länger verschreibt, zum Beispiel sechs Wochen oder zwei Monate, darf seine Kartoffel-Portionen nach Lust und Laune so steigern, daß er wirklich rundum satt wird. Hier stellt sich Erfolg durch Ausdauer ein. Sie muß belohnt werden.

Sogar Feinschmecker werden bedacht. Wie klingt das: Kartoffelsuppe à la Paul Bocuse? Sie ist eindeutiger Star der 4-Tage-Suppen-Diät (ab Seite 44). Sie macht Ihnen sicherlich Appetit auf die erlesenen Schlemmer-Gerichte im Kapitel: Das Diät-Geheimnis. Für Gäste und Feste. Die Idee: gigantisch verwöhnen – und heimlich dabei noch abnehmen (ab Seite 127). Wunderbar, um sich zwischendurch zu belohnen, ohne es zu bereuen. Und ideal, um unauffällig ein Rezept der Kartoffel-Diät in ein Festmenü zu schmuggeln.

Sämtliche Diäten in diesem Buch über mindestens eine Woche und länger empfehlen Ihnen ausreichend viele Kalorien am Tag. Mindestens rund 1000, die meisten einiges mehr. Das macht garantiert satt. Sie werden vom eini-

Kartoffelsuppe mit Garnelen
(Rezept Seite 76)

germaßen gesunden Organismus ein, zwei, drei Monate lang ohne irgendwelche Schwierigkeiten sehr gut vertragen. Die jeweils empfohlene Reihenfolge bringt Abwechslung auf Ihren Teller und soll Ihnen Appetit auf die köstlichsten Kartoffel-Gerichte machen. Aber Sie können die einzelnen Rezepte aller aufgelisteten Diäten nach Belieben untereinander tauschen, weglassen oder wiederholt essen. Was Sie tatsächlich essen, bestimmen einzig Sie selbst.

Das ist wichtig. Denn jeden Tag sollen Ihnen die Kartoffeln, in welcher Form auch immer, vor allem schmecken.

Geben Sie Ihrem Körper die große Chance, die Möglichkeiten der Kartoffel-Diät voll zu nutzen. Das braucht seine Zeit. Ein bißchen entwässern, ein bißchen abnehmen, das klappt sofort. Eine Figur neu zu formen, erfordert einiges mehr. Untersuchungen des Stoffwechsels im Bereich des Herzens ergeben: Nicht alle Gewebebereiche werden bei einer Diät gleichzeitig »angeknabbert«. Manche Muskelproteine sind schon nach elf Tagen rund zur Hälfte aufgezehrt. Hartnäckige Fettzellen erst nach 140 (!) Tagen. Harmlose Pölsterchen schmelzen zum Glück schon wesentlich früher. Erwiesenerweise schrumpfen einzelne Muskelstränge und Fettdepots bereits in den ersten 48 Stunden.

Aber reden wir nicht zulange übers Abnehmen. Schlagen Sie Seite 36 auf. Dort warten die ersten Rezepte auf Sie. Ich bin sicher, sie schmecken Ihnen.

Wem erzählen Sie von Ihrer Diät? Und ein paar andere ganz wichtige Fragen

Sehen Sie sich bereits schlanker und straffer? Ohne die überflüssigen Pfunde, die Ihnen jetzt noch zu schaffen machen? Dann seien Sie sich bewußt: Wahrscheinlich gibt es niemanden, der sich so sehr darauf freut wie Sie. Ich kenne sogar Ehemänner, die nachdenklich werden, sobald ihre Frau Willensstärke beweist, Opfer bringt für eine bessere Figur und womöglich schöner und selbstsicherer wird.

Einige bewundernde Blicke mehr sind nur die eine Seite der Medaille. Bekenntnisse wie »Ich bin auf Diät« oder »Vier Pfund sind schon herunter« lösen ziemlich oft echt entmutigende Reaktionen aus: Du, aber das schmale Gesicht steht dir gar nicht so gut. Deine Haut war früher bestimmt nicht so schlaff. Deine Haare sind auf einmal ganz stumpf... Deshalb kann es das Beste sein, nicht gleich jedem zu erzählen, daß Sie auf Diät sind. Die Kartoffel-Kur kann ganz leicht Ihr süßes Geheimnis bleiben. Fast überall, wo aufgetischt wird, gibt es auch die tolle Knolle. Sogar im Schnellrestaurant – denken Sie nur an die Pommes. Machen Sie also ganz in Ruhe Ihre Abmagerungskur. Und wenn mal ein geselliges Essen ansteht, können Sie immer wieder unterbrechen. Sie dürfen sogar mit Salz, Zucker oder Alkohol sündigen.

Die Kartoffel-Diät, wie ich sie Ihnen für längere Zeit schmackhaft machen will, liefert Ihnen nicht die schnellen Zwischenergebnisse nach der Devise:

Jeden Tag ein Pfund schlanker. Das erzielen Sie nur kurze Zeit, zum Beispiel mit der 3-Tage-Suppen-Diät oder der 4-Tage-Püree-Diät. Wollen Sie also den anderen wirklich erklären, daß Sie sich wegen (in deren Augen) lächerlicher 150 Gramm Gewichtsverlust vierundzwanzig Stunden quälen?

Sagen Sie deshalb einfach: Neuerdings esse ich besonders gerne Kartoffeln. So wie ein sehr erfolgreicher Münchner Schönheitschirurg seinen berühmten Klienten eine entwaffnende Antwort für neugierige Frager empfiehlt: »Behaupten Sie schlicht: Ich weiß wirklich nicht, warum ich neuerdings so viele Komplimente kriege. Vielleicht, weil ich in letzter Zeit viel besser schlafe …«

Meine Empfehlungen gelten natürlich nicht, wenn Sie jemanden kennen, der mit Ihnen gerne die Kartoffel-Diät mitmachen würde. Verzichten Sie aber auch in diesem Fall keineswegs auf die ganz persönlichen Freiheiten, die Ihnen diese Schlankheitsmethode läßt. Sie, und nur Sie bestimmen, wie groß Ihre Portionen sind. Wieviel Sie essen. Ob Sie die Diät einmal für ein Essen außer der Reihe unterbrechen. Und wann Sie sich mit einer verzeihlichen Ernährungssünde belohnen oder Mut machen.

Der wichtigste Erfolgs-Faktor ist: Ihre persönliche Einstellung. Lassen Sie sich nicht die Entscheidung aus der Hand nehmen, wie streng oder nicht streng Sie Ihr Diät-Programm wählen. Ich zum Beispiel halte wirklich nicht viel davon, tagelang zwanghaft jedes kleinste Körnchen Salz zu meiden.

Auch wenn Sie so vorübergehend schneller Gewicht verlieren. Denn die Erfahrung zeigt: Wer wochenlang darauf besteht, sich salzlos zu ernähren, der wird im Kreis seiner Lieben, Freunde oder Kollegen unweigerlich zum Störfall (außerdem braucht Ihr Körper ein Minimum an Salz). In einer solchen Frage kann es unter Diät-Partnern leicht zwei Meinungen geben. Andrerseits werden manche Sie bewundern, wenn Sie Ihre Diät nicht ganz verbissen durchziehen und trotzdem Erfolg haben.

Diät-Halten ist nicht leicht. Das Wichtigste scheint mir deshalb zu sein: Lassen Sie sich immer nur von Ihren eigenen Zielen leiten. Machen Sie sich schon gar nicht von irgendwelchen Gewichtstabellen abhängig. Bis heute streiten sich die Wissenschaftler darüber, wieviel Pfunde eigentlich normal sind. Und machen Sie sich auch nicht verrückt mit Kalorien-Zählen. Sie selbst, Sie allein und wirklich nur Sie legen das Ziel fest.

Soll Ihr Selbstbewußtsein zunehmen? Wollen Sie Ihre Figur verbessern? Möchten Sie sich insgesamt wohler fühlen? Oder haben Sie eigentlich den Wunsch, sich gesünder zu ernähren? Wenn für Sie die Antwort darauf klar ist, dann müssen Sie sich nur noch zwei Fragen stellen: Wann starte ich die Diät? Und was esse ich bei meiner letzten »normalen« Mahlzeit?

Oft entscheidet der richtige Zeitpunkt über den Erfolg einer Abmagerungskur. Zwei Tage vor dem Grillfest der besten Freunde sollten wirklich nur die Willensstärksten ihre 3-Wochen-Diät beginnen. Manche finden den idealen Zeitpunkt, indem sie im Kalender den Tag ankreuzen, an dem sie sich in bester Form präsentieren möchten (Urlaubsbeginn, Betriebsausflug, Hochzeit). Einige Wochen Zeit sollten Sie Ihrem Organismus dann für diesen Plan schon geben.

Viele schwören auf einen Freitag als jenen Tag, an dem sie sich am ehesten an das Abnehmen gewöhnen. Es gibt aber auch Diätwillige, denen es gerade am Anfang sehr schwerfällt, einen großen Bogen um den vollen Kühlschrank zu machen und dabei noch die ganze Familie mit ungezügeltem Appetit um sich versammelt zu haben. Ihnen fällt ein Diät-Start am Montag leichter, wenn der Bürostreß Sie in Atem hält (oder die anderen endlich wieder aus dem Haus sind).

Krimi oder Liebesfilm? Das raffinierte Fernsehprogramm zum Abnehmen – und weitere Psycho-Tips

Nahrung ist wie eine Droge. Die vielseitigste, in größten Mengen vorhandene Psychomedizin, die wir kennen. Jeden Augenblick verfügbar. Essen ist viel zu lustvoll, als daß allein ein Entschluß – sagen wir: die Tortengabel nicht zum Mund zu führen – es mit Sicherheit verhindern könnte. Schon die alten Griechen wußten: Nicht der Magen, das Gehirn ist unser wichtigstes Verdauungsorgan.

Ihnen als Kartoffel-Fan gratuliere ich jetzt erneut. Ich glaube wirklich daran, daß die schmackhafte, verwandlungsfähige Knolle all ihre Gesund- und Schlankmacher automatisch auf Sie überträgt. Deshalb werden Sie für Ihre Diät weniger Willensstärke, weniger Disziplin brauchen. Verzehren Sie bloß jeden Bissen ganz bewußt. Stellen Sie sich vor, wie Sie sich mit Vitaminen, Enzymen und Mineralstoffen innerlich »erfüllen«. Dann werden Sie spüren: Die Kartoffel-Diät wirkt, indem Sie essen, nicht, indem Sie hungern.

Jetzt noch ein paar Psycho-Tricks, und alles fällt Ihnen wirklich leicht. Zum Beispiel:

Führen Sie ein Tagebuch des Essens Schreiben Sie, wenn es nicht gleich losgehen soll, vor der Diät eine Woche lang auf, was Sie essen und trinken. Dazu Uhrzeit, die Situation (z. B. vor dem Fernseher), ob Sie allein sind oder nicht, und Ihre Stimmung (etwa gelangweilt, gestreßt, gutgelaunt). Studieren Sie Ihre Aufzeichnungen wie ein Detektiv. Vielleicht machen Sie eine verblüffende Entdeckung: Daß es in Ihrem Leben regelrechte Problemphasen gibt – Uhrzeiten, Gelegenheiten, Menschen, Stimmungen –, die Sie an den Kühlschrank treiben.

Essen Sie zuhause möglichst nur noch an einem einzigen Platz Vielleicht kommen Sie so von der Gewohnheit ab, fast automatisch und unbewußt, da und dort zwischendurch immer wieder etwas in den Mund zu stecken. Das passiert häufig ja nur aus Langeweile. Ob Kartoffelchips oder Banane – wenn der Appetit steigt, rasch hin zum Futterplatz. Das macht Ihnen einiges bewußt.

Gönnen Sie sich nur noch die wirklich notwendigen Knabbereien
Fragen Sie sich, auf welche Zwischendurch-Naschereien und Knabbereien Sie am ehesten verzichten können. Vielleicht sind es die Kekse während des Fernseh-Krimis. Blättern Sie nebenbei lieber in Ihren Lieblingszeitschriften, lösen Sie ein Kreuzworträtsel oder testen Sie den Schachcomputer. Alles kalorienfrei. Gibt es kleine Essenssünden, auf die Sie ungern verzichten würden? Unbedingt behalten. Noch brauchen Sie sie.

Essen Sie von kleinen Tellern
Sie glauben nicht, wie hilfreich das sein kann. Der innere Antrieb, alles aufzuessen, hat meist nichts mit dem leeren Magen zu tun, sondern mit dem leeren Teller. Wie oft haben auch Sie sich schon über Reste hergemacht, nur »damit sie weg sind«.

Lernen Sie von den großen Buffets
Schauen Sie sich in einem guten Restaurant einmal an, wie winzig Appetithappen sein können. Der raffinierte Küchenchef und Sie wollen im Grunde das Gleiche: Von gewissen Leckereien sollen Sie weniger essen. Wie? Verkleinern Sie sie einfach. Kopieren Sie den Trick mit den Canapés. Das sind wahnsinnig feine Leckerbissen, kaum größer als ein 2-Mark-Stück.

Werden Sie ein Kalorien-Kolumbus
Entdecken Sie neu die große Welt des Essens. Es gibt ja so viele Köstlichkeiten, die Sie während einer Abmagerungskur unbesorgt genießen können. In Mengen. Klauen Sie ruhig nochmal Ideen am Buffet und staunen Sie, welch harmlose Verführer unsere Köche inzwischen ins Rennen schikken. Schwupps, ist Ihr Teller randvoll. Und es sind alles in allem nur ein paar Kalorien…

Sehen Sie Gurke & Co mit anderen Augen
Die Natur ist verschwenderisch reich an zuverlässigen Schlankmachern. Sie warten nur darauf, auf Ihren Tisch eingeladen zu werden. Chicorée zum Beispiel: 100 Gramm nur 11 Kalorien. Champignons: 12 Kalorien. Radieschen: 13 Kalorien. Gurke: 13 Kalorien. Sauerkraut: 16 Kalorien. Kürbis: 20 Kalorien. Sie begegnen Ihnen in den Rezepten dieses Buches. Aber auch da, wo sie nicht empfohlen werden, gilt: Ein kleiner Salatteller, eine appetitliche Gemüsegarnierung sind immer willkommen.

Meiden Sie den Vielfraß
Wenn es irgendwie geht. Denn am wohlsten fühlen Sie sich jetzt in der Gesellschaft von Wenig-Essern.

Umgeben Sie sich mit positiv denkenden (und redenden) Mitmenschen
Ihre seltene Begabung, das Leben schön zu finden, macht Ihnen das Abnehmen leichter.

*Hungern Sie nie, und schon
gar nicht vor elf Uhr*
Achten Sie beim Essen stärker als bisher auf die Tageszeit. In den ersten
Aktivstunden des Tages wandelt der
Stoffwechsel Nahrung mühelos in Energie um. Vor elf Uhr können Sie praktisch keine Fettpölsterchen anlegen.
Nutzen Sie das aus. Wenn Sie schon
irgendwann im Laufe des Tages wil-
lensschwach werden, dann am besten
gleich in der Frühe.

Kauen Sie jeden Bissen 20-, 30mal
Denn die Kartoffel-Kost ist viel zu
schmackhaft, um heruntergeschlungen
zu werden. Sie haben mehr davon und
erleichtern den Verdauungsorganen ko-
lossal die Aufgabe.

Verstecken Sie Ihre Vorräte
Sie werden schon selbst so vernünftig
sein, die Kartoffeln jetzt nicht gerade
im feinsten Delikatessenladen einzu-
kaufen. Genauso wenig sollten Sie sich
zuhause leichtfertig in Versuchung
bringen. Lassen Sie jetzt Wurst, Käse
und ähnliches nicht in Klarsichtfolie im
Kühlschrank liegen. Verpacken Sie solche Nahrungsmittel gut und deponieren
Sie sie ganz, ganz hinten. Bitten Sie
Ihre Angehörigen in diesem Punkt um
Unterstützung.

*Verscheuchen Sie Hunger
durch Wärme*
Nicht der Magen befiehlt uns das Essen, sondern eine Drüse im Gehirn. Sie
heißt Hypothalamus. Ihretwegen ver-
spüren selbst Vielesser im Sommer
weniger Appetit. Und sie ist es auch, die

manche Männer nach dem Liebesakt
wie unter Zwang an den Kühlschrank
treibt. Ein Mittel, diese Hungerdrüse zu
überlisten, ist Wärme. Erhöhen Sie Ihre Körpertemperatur: Trinken Sie
Heißes. Machen Sie sich eine Suppe.
Ziehen Sie sich dickere Sachen an.
Wärme von innen wirkt genauso wie
von außen.

*Lassen Sie sich beim Abnehmen
vom Fernsehen helfen*
Nein, jetzt empfehle ich Ihnen nicht den
hundertsten Aerobic-Kurs oder den Ver-
zicht auf die Fernbedienung. Es gibt
Wirksameres: das richtige Programm entscheidet, ob Sie durchs Zuschauen automatisch schlanker werden. Spannung
auf dem Bildschirm bringt Ihren Stoffwechsel stärker auf Touren, und Sie verbrauchen mehr Kalorien. Schalten Sie an
Diät-Tagen also ein: Krimis, Arnold
Schwarzenegger, Sport, Action, Erotic,
Game-shows. Achtung! Weil solche
Beiträge Ihre Nerven strapazieren, wird
dabei in den deutschen Wohnzimmern
viermal soviel genascht. Harmlos in jeder Beziehung sind: Politiker, Tiere,
Landschaften, romantische Liebe. Da
sinken Puls und Blutdruck auf Mindest-
werte wie in einem Winterschlaf.

*Meistern Sie die wichtigsten
acht Minuten jeder Mahlzeit*
Leider gibt es keinen Wecker, der klin-
gelt, sobald Sie satt sind. Die Hungerdrüse im Gehirn gibt uns nur vage Hin-
weise. Und zwar meistens um etwa
acht Minuten zu spät. Solange dauert
es, bis jener Bissen, der gerade noch
Sinn macht, im Magen das Gefühl aus-

löst: es reicht. In diesen acht Minuten füttern Sie also weiterhin einen Appetit, der längst Ruhe gibt (Sie spüren es nur noch nicht).

Trinken Sie sich schlank
Viele verzichten während einer Abmagerungskur auf die Heilkräfte des Wassers. Doppelt falsch. Trinken entscheidet über den Gewichtsverlust. Wird die Flüssigkeitsaufnahme reduziert, werden erheblich weniger Fettzellen verbrannt. Also, verordnen Sie sich Suppen, Säfte, Tee, Kaffee und Wasser. Mindestens zwei Liter am Tag müssen es ohnedies sein, aus medizinischen Gründen. Mehr wäre noch besser. Trinken Sie also nach Herzenslust, und Sie spülen wenigstens 500 Kalorien extra weg. Das macht in 14 Tagen immerhin ein Kilo zusätzlich aus, ohne daß Sie auf einen einzigen Bissen verzichten müssen. Die Kartoffel gibt Ihnen durch die entwässernde Wirkung die Sicherheit, daß die Flüssigkeit nicht aufschwemmt.

Killen Sie Kalorien beim Kochen
Braten Sie fettlos in beschichteten Pfannen. Dämpfen Sie Gemüse, Fleisch und Fisch im Schnellkochtopf oder Dampfeinsatz. Verwenden Sie heiße Brühe statt Fett bei Schmorfleisch, Gulasch, Fleischeintöpfen. Gießen oder schöpfen Sie Bratenfett ab. Servieren Sie Schweinebraten und Kartoffelknödel mit pikanter, selbstgemachter Diätsauce: Brühe mit püriertem Gemüse, mit Kräutern, mit geriebener gekochter Kartoffel andicken. Andere Ersatzstoffe, die Kalorien killen: Honig statt Zucker, Milch statt Sahne, Joghurt oder Magerquark statt Mayonnaise.

Streicheln statt Schlemmen
Probleme und Pfunde kommen gemeinsam. Fühlen wir uns innerlich leer (z. B. durch zuwenig Streicheleinheiten), erfüllen wir uns ein Bedürfnis und füllen uns mit Nahrung voll. Das vermeiden Sie am cleversten durch ein verbessertes Belohnungssystem. Erlaubt ist alles, was Freude macht. Eine CD, ein Kräuter-Vollbad, eine Stunde in der Sonne faulenzen, Blumen, eine teure Krawatte, der Sauna-Besuch, Ihr Lieblingsfilm auf Video, am Telefon quatschen, statt Bügeln Backgammon oder sonstwas spielen.

Trimmen beim Träumen
Das Eß-Problem ist auch ein Streß-Problem. Entspannen Sie sich auf der Couch. Überlegen Sie genau, was Ihr letztes, tollstes Erfolgserlebnis war, und üben Sie, diese wunderschöne Erinnerung auf Befehl in Gedanken zurückzuholen, wann immer Sie das brauchen. Hinlegen, Augen schließen, träumen. Schöner als ein Stück Torte.

Schließen Sie Frieden
mit Ihrem schlimmsten Feind
Wer haßt, frißt nicht nur Ärger in sich hinein. Auf diese Kalorien können Sie mit einem einfachen Trick verzichten. Denken Sie ungefähr zehnmal am Tag an Ihren schlimmsten Feind und sagen Sie heimlich und nur für sich: »Ich liebe dich!« Kein Witz. Bitte ausprobie-

ren. Wundern Sie sich nicht, wenn Sie gleichzeitig Ihre Magenschmerzen loswerden.

Verbrennen durch Rennen
Statt Joggen können es auch viel gemütlicher ein paar Liegestützen sein. Ganz witzig ist der Griff zu Boxhandschuhen. Machen Sie sich die Freude, kaufen Sie sich die schönsten, die es für Sie gibt, in knallrotem Leder. Hineinschlüpfen, hinstellen und mit den Armen in der Luft herumfuchteln (ohne irgendwo dagegen zu schlagen). Schon ein paar Sekunden Schattenboxen wirken. Die Bewegung der Arme kurbelt Atmung und Kreislauf an, beflügelt mehr als eine Runde um den Häuserblock. Der Boxhandschuh signalisiert Ihnen: Ich bin nicht ohnmächtig, ich tue was. Die Übungen pumpen Sie mit Sauerstoff voll. Tolle Unterstützung einer Abmagerungskur. Oder haben Sie schon einmal einen dicken Dirigenten erlebt?

Kein Scherz:
Der Himmel hilft. Nehmen Sie ab, wenn es auch der Mond tut
Vier Mondphasen: Neumond, zunehmen, Vollmond, abnehmen. Wann, glauben Sie, purzeln Ihre Pfunde am leichtesten? Genau. Machen Sie sich die Weisheiten unserer Vorfahren zunutze, die in besonderer Harmonie zur Natur gelebt haben. Aussaat bei zunehmendem Mond (es soll ja prächtig gedeihen). Getreideschnitt bei abnehmen-

Folienkartoffel mit Tofu-Tzatziki
(Rezept Seite 64)

dem (Haareschneiden auch – sie sollen ja nicht gleich wieder so schnell nachwachsen). Für Sie bedeutet das: Starten Sie Ihre Diät bei Vollmond (danach wird es sofort weniger). Und Sie haben fast zwei Wochen lang den Himmel auf Ihrer Seite.

Der letzte Trick funktioniert nur einmal im Jahr
Legen Sie, wenn Sie es ganz leicht haben wollen, Ihre Kartoffel-Diät in den Mai. Nachweislich gelingt in diesem Monat das Abnehmen am leichtesten. Daß es so ist, steht fest. Warum, nicht. Aber vielleicht fallen Ihnen ja selber ein paar gute Gründe ein.

Erlaubt: Fast alles.
Verboten: Hungrig ins Bett gehen

Der Erfolg der Kartoffel-Diät (sie wurde Ende der Zwanzigerjahre, in der Ära des Charleston, erfunden) liegt sicherlich auch darin, daß sie nicht nur aus Kartoffeln besteht. Keine andere Diät läßt Ihnen soviel Freiheit. Vergessen Sie Hunger und all die anderen Qualen, die Sie vielleicht vom Abnehmen kennen. Die schlanke Kartoffel-Küche wird Ihnen in jeder Hinsicht schmecken.
Grundlage der Kartoffel-Diät sind täglich etwa 300 bis 600 Gramm der tollen Knolle, auf die zwei Hauptmahlzeiten verteilt. Diese Kartoffeln müssen sein (ausgenommen, Sie pausieren aus einem der schon genannten Gründe), denn ihre Wirkstoffe kurbeln den Organismus an, sorgen für Entschlackung,

machen zuverlässig satt und belasten Sie bei all dem kaum mit Kalorien. Zu diesen acht bis zehn Kartoffeln sind eine Vielzahl Beilagen, Garnierungen und andere Leckerbissen erlaubt. Fast alles, was Sie gerne essen. Aufgabe dieser Appetit-Verstärker ist es, Sie zu einem eingefleischten Kartoffel-Esser zu machen.

Schon die Tagesmenge Kartoffeln könnte Sie satt kriegen. Und es liegt allein an Ihnen, was Sie aus diesen Knollen machen: Suppe oder Püree, Rösti oder Bratkartoffel, Puffer oder Pommes, Salzkartoffel oder Baked Potatoe. Oder gar Obstknödel? Außerdem dürfen Sie sich zweimal täglich einen kleinen Zwischen-Imbiß zu Gemüte führen. Und sogar vor dem Einschlafen noch einmal zulangen.

Natürlich beginnt jeder Diät-Tag mit einem ordentlichen Frühstück.

Auf den folgenden Seiten beginnen Empfehlungen, Rezepte, Tagesprogramme. All diesen gutgemeinten und erprobten Diätplänen liegt das gleiche Prinzip zugrunde: Sie selbst können entscheiden, welches Gericht wann, wie oder wie oft drankommt. Entscheidend ist: Möglichst kein Tag ohne diese Kartoffeln. Alles andere kann sich nach Lust und Laune ergeben. Natürlich können Sie die zwei vorgesehenen Zwischengerichte auf einmal verzehren, etwa sofort am Vormittag. Oder Sie essen an einem Tag vier und haben dafür am nächsten keine.

Damit sind wir beim nächsten Punkt. Was Sie sich gönnen, hängt einzig und allein von Ihren persönlichen Zielen ab. Die in diesem Buch empfohlenen Tagesgerichte und ihre Rezepte stellen eine Art Mindestration dar. Sie versorgen Ihren Körper lange Zeit ausreichend, und deshalb sollten Sie nach Möglichkeit keinesfalls weniger essen. Mehr aber durchaus. Vor allem, wenn Sie nach Plan essen und hinterher immer noch Appetit oder Hunger haben. Aber achten Sie stets darauf, daß mittags und abends auf Ihrem Teller Kartoffeln die Hauptrolle spielen.

Wenn Sie Kartoffeln mögen, wird Ihnen diese schlanke Küche womöglich mehr zusagen als die Alltagskost. Es sind sowohl neue wie auch bewährte Diät-Rezepte, die allesamt lecker schmecken und hundertprozentig wirken.

Jedes Gericht ist für eine Person berechnet. Die einzelnen Mahlzeiten wurden in ihren Kompositionen fein aufeinander abgestimmt. Alle Speisen zusammen ergeben ein Bild der Vielfalt der Kartoffelküche. Dennoch gilt: Entscheiden Sie leichten Herzens. Stellen Sie sich, wenn es Ihnen Spaß macht, die eigene Diät zusammen. Tauschen Sie Mittag- und Abendessen untereinander, gerne auch ganze Tage. Lassen Sie weg, was Sie nicht so überzeugt. Kochen Sie Lieblingsgerichte öfter.

Denken Sie beim Einkaufen daran: Viele Kartoffelgerichte lassen sich prima portionsweise einfrieren.

Essen Sie, was schmeckt. Essen Sie mehr, wenn es besonders schmeckt. So lange Sie acht bis zehn Knollen pro Tag verzehren, funktioniert die Diät automatisch. Dann und wann dürfen Sie zwischendurch sündigen. Kleine Verfehlungen verzögern das Ergebnis ein wenig, aber sie gefährden es nicht.

Übrigens: Auch Kartoffel-Fertiggerichte eignen sich uneingeschränkt für diese Diät. In den Tiefkühltruhen finden Sie ein erstaunliches Sortiment an Köstlichkeiten aus der Knolle, die meisten für den Backofen. Und in den Regalen stoßen Sie auf salzarm gewürzte Pulvermischungen für Klöße, Püree, Kroketten und Suppen. Selbst an Pommes aus der Truhe dürfen Sie sich heranwagen. Einige Fabrikate sind mit wirklich nur winzigem Fettanteil vorfrittiert. Alle diese beliebten, küchenfreundlichen Industrieprodukte zeichnet aus: hoher Sättigungsgrad, reichhaltige Geschmacksvielfalt, einfache und saubere Zubereitung, gleichbleibende Qualität. Und das wichtigste: kaum Kalorien.

Wirklich verboten ist in der Kartoffel-Diät genau genommen nichts. Aber es gibt vieles, was Sie jetzt einschränken und möglichst meiden sollten. Beispiele:

▷ Alkohol am besten ganz streichen. Liefert nur eine Menge Kalorien ohne Vitamine oder Mineralstoffe. Ausnahme: Symbolischer Schluck bei passenden Anlässen.

▷ Zucker und Sahne extrem einschränken. Jeder winzige Teelöffel hat mehr Kalorien als eine große Kartoffel. Und nicht einen einzigen Gesund- oder Schlankmacher.

▷ Fett äußerst sparsam verwenden. Erschwert den Abbau Ihrer diversen Pölsterchen. Jedes Gramm liefert neun Kalorien. Ist aber wichtig für den Geschmack vieler Gerichte (in meinen Rezepten kommt recht »üppig« Butter vor – sie sollen Ihnen ja schmecken. Ich

überlasse es Ihnen, sich da einzuschränken).

▷ Fleisch, Fisch, Geflügel, Wild sind willkommen. Aber nur in Nebenrollen. Kleine Leckerbissen streicheln Ihren Gaumen. Das Eiweiß der Kartoffel ist viel wertvoller als jedes tierische.

▷ Croissants, Shrimps, Butter, Kokos- und Cashewnüsse, Puddings und Schokoladen gehören jetzt ins Reich der Phantasie.

Schmücken Sie Ihre Diät-Gerichte reichlich mit frischen Gemüsen, würzigen Kräutern und knackigen Salaten. Schlagen Sie nach Herzenslust zu. Diese Naturprodukte stimulieren den Stoffwechsel, und ihre paar Kalorien fallen nicht ins Gewicht.

Unerläßlich zur Unterstützung des Ausschwemmens von Abfall- und Giftstoffen sind wenigstens zwei Liter Flüssigkeit am Tag: Kaffee, Mineralwasser, Kräuter- oder Schwarztee, Diät-Säfte, Brühe.

Weitere Entschlackungshilfen: Kräuter-Vollbad vor dem Frühstück, Fußbad vor dem Zubettgehen.

Die einzelnen Diät-Tage in diesem Buch sind auf einer Basis von 1000 bis etwa höchstens 1400 Kalorien erarbeitet. Selbst mit Nachschlag bleiben Sie unter dem Tages-Energiebedarf eines 65 Kilo schweren Körpers im ruhenden Zustand (1700 Kalorien) oder bei normaler Tätigkeit im Sitzen (2500 Kalorien). Den fehlenden Treibstoff tankt der Stoffwechsel aus dem Verbrennen von Fettpölsterchen und anderem, nicht so notwendigem Gewebe. Um zum Beispiel innerhalb weniger Tage 7000 fehlende Kalorien aufzutreiben, zehrt der

Körper rund 1000 Gramm Gewebe-substanz auf.

Mit der millionenfach bewährten Kar-toffel-Diät gelingt das am leichtesten, am gesündesten und am zuverlässigsten (die am besten schmeckende Schlank-heitskur ist sie außerdem).

Start in den Diät-Tag.
Mit einem Appetit-Frühstück
fast wie vom Buffet

Fangen Sie bloß nicht schon morgens mit dem Kalorien-Knausern an! Hier ein paar kreative Frühstücks-Ideen.

▷ Kaffee oder Tee, Apfel-Müsli: 1–2 Äpfel schälen, entkernen, grob raspeln. Mit 3–6 EL Haferflocken, 4–8 EL Milch anrühren. Mit Zitronensaft und Zucker abschmecken.
▷ Kaffee oder Tee, 2 Scheiben Knäckebrot, 1 TL Honig.
▷ Kaffee oder Tee, 1 Brötchen, 1 TL Butter, 1 Scheibe Geflügelwurst, 1 TL Diätmarmelade.
▷ Kaffee oder Tee, 2 dünne Scheiben Vollkornbrot, 50 g Magerquark mit fri-schen Kräutern.
▷ Kaffee oder Tee, 1/2 Brötchen, 1 dün-ne Scheibe Vollkornbrot, 1 TL Butter, 1 Frühstücksei.
▷ Kaffee oder Tee, 2 Scheiben Knäckebrot, mit Butter oder Diät-marmelade dünn bestreichen.
▷ Kaffee oder Tee, 1 Scheibe Knäcke-brot mit Butter, 1/2 geschälte Orange.
▷ Kaffee oder Tee, 2 dünne Scheiben Vollkornbrot, 30 g Käse (10 bis 30 % F. i. Tr.).
▷ Kaffee oder Tee, 1 Scheibe Mehr-kornbrot, 1 TL Butter, 3 Tomaten vier-teln, wenig Salz, Pfeffer.

Bleiben Sie möglichst bei der Empfeh-lung, mit einem heißen Getränk zu star-ten. Trinken Sie gerne jede Tasse Kaf-fee oder Tee mit 1–2 EL Milch und/oder wenig Zucker. Die Früh-stücks-Beispiele haben rund 90 bis 230 Kalorien.

Schon bald danach kann es weiter-gehen. Am besten noch vor elf Uhr. Mit solchen Zwischengerichten:
▷ Rohes Gemüse knabbern, z. B. 100 g Möhren, Gurken, Fenchel, Toma-ten, Kohlrabi, Stangensellerie, Cham-pignons.
▷ Obst würfeln oder kleinschneiden, mit 1/2 Becher Joghurt, Zitronensaft, wenig Zucker abschmecken. Gut ge-eignet: 1 Birne, 1 geschälte Banane, 1 Apfel, 1 geschälte Orange oder Grape-fruit (Zitronensaft weglassen).
▷ Beerenschale mit 1/2 Becher Joghurt oder 1 EL flüssige Sahne: 150 g Erd-beeren, Himbeeren, Heidelbeeren, Jo-hannisbeeren.
▷ Obst hat nur ganz wenige Kalorien, sättigt aber mit viel Volumen und Bal-laststoffen. Seine Vitamine und Spu-renelemente tun dem Stoffwechsel im-mer wieder gut. Sie verstärken die Wir-kung der Gesund- und Schlankmacher in der Kartoffel. Deshalb ordentlich zu-greifen bei: Kirschen, Aprikosen, Pfir-sichen.
Der Sommer, sein Obst und seine Sa-late sind wie geschaffen als Unterstüt-zung Ihrer Schlankheitskur.

Und nun Zwischengerichte zum Aussuchen, damit der Nachmittag nicht zu lang wird:

▷ Snacks: 1 Kiwi, 1 Mini-Portion rohes Gemüse (100 g Möhren, Gurken, Tomaten), 1 Becher Mager-Fruchtjoghurt, 1 Bratapfel, 1 Stück Melone mit rohem Schinken, 1 Birne, 200 g Trauben, 1 Kugel Fruchteis.

▷ Säfte: Tomatensaft, Karottensaft, Grapefruitsaft, Pfirsichnektar, Orangensaft, Multivitamindrinks, Apfelsaft.

▷ Knabbereien: Fragen Sie am besten im Reformhaus nach geeigneten Produkten, mit Haferflocken, Sesamkörnern oder unter Verwendung von Joghurt.

Hier einige Gerichte, die nur wenige Minuten Zubereitung erfordern und immer wieder mal erlaubt sind. Es lohnt sich!

▷ Zitronen-Quark: 75 g Magerquark, 1 EL Zitronensaft verrühren, nach Geschmack süßen, mit Zitronenspalte garnieren.

▷ Gewürzgurke mild-pikant: Gewürzgurke der Länge nach halbieren, Kerne entfernen, mit 2 EL Frischkäse auffüllen, mit frischen Kräutern würzen.

▷ Kiwi-Schnee: 3 weiche Kiwis schälen, zerdrücken, mit Zitronensaft abschmecken, steif geschlagenes Eiweiß unterziehen, nach Geschmack zuckern.

▷ Vanille-Cup: 1 Kugel Vanille-Eis mit 150 g gewürfeltem Obst oder Fruchtcocktail in einen Becher geben, mit Spritzer Sekt verfeinern.

Hier eine prima Lösung, falls Sie eine der beiden Kartoffel-Hauptmahlzeiten versäumen oder darauf verzichten müssen: Sichern Sie sich die Wirkung der Diät mit einem raffinierten Kartoffel-Drink. Erdacht hat ihn der Fernsehkoch Max Inzinger:

▷ Kartoffel-Mix: 1 Tasse frischer Kartoffelsaft aus dem Küchenmixer, mit 1 Tasse Buttermilch und $1/3$ Tasse Weißwein vermischen, mit Salz, Pfeffer und einer Prise Zucker abschmecken.

Weil es gerade ums Trinken geht. Sollte Ihnen Mineralwasser zu langweilig werden, dann wählen Sie bis zu zweimal am Tag aus diesen Möglichkeiten:

▷ Vitamin-Kefir: 0,1 l Grapefruitsaft mit 0,2 l Mager-Kefir mischen.

▷ Capuccino-Shake: 0,2 l fettarme Milch, 1 EL Capuccino-Pulver verrühren, leicht nachsüßen.

▷ Vitamin-Stoß: $1/2$ l Gemüsesaft, 1 Schuß Zitronensaft mit 1 Tropfen Tabasco abschmecken.

Und für den allerletzten Appetit des Tages (auch wenn er Sie tiefnachts überfällt) empfehlen sich die Suppen-Betthupferl:

▷ 1 Tasse Fleisch- oder Gemüsebrühe (z. B. Konzentrat aus dem Reformhaus) heiß serviert mit: 2 EL gekochtem Naturreis, mit 1 gevierteilten Tomate; mit 3 gekochten Mini-Suppenklößchen vom Metzger; mit 1 EL Instant-Schmelzkäse, in siedender Brühe geschmolzen.

Wenn Sie nach solchen leckeren Genüssen befriedigt einschlafen, werden Sie nicht mehr vom Essen träumen.

Die Tricks der Diät-Köche

Die Kartoffel-Diät macht es Ihnen ganz einfach. Das lästige Kalorienzählen entfällt. Wer sich ein bißchen mehr auf den Teller häuft, versorgt sich ja automatisch auch mit mehr Schlank- und Gesundmachern der Kartoffel.

Wichtigste Regel der Kartoffel-Diät ist deshalb: Sie können jedes Rezept gerne ein wenig großzügiger und üppiger auslegen. Solange die Kartoffel dabei ihre Hauptrolle behält.

Umgekehrt gilt: Ihre ganz persönlichen Portionen dürfen auch kleiner sein. Hauptsache, die Kartoffeln kommen auf den Teller.

Welche Sorten? Die Rezepte empfehlen konkret:

Festkochende für Pellkartoffel, Salate, Pommes, Rösti und Gratin. Die Tradition der norddeutschen Küche räumt ihnen auch bei Bratkartoffeln den Vorrang ein. Vorzug der festkochenden (sie heißen in Bayern und Österreich Speckige): Sie zerfallen nicht so leicht und lassen sich mühelos in feine, dünne Scheiben schneiden.

Mehligkochende für Püree, Salzkartoffel, Eintopf, Suppe, Dampfkartoffel, Kartoffelteig, Klöße, Baked Potatoe oder Folienkartoffel sowie Kartoffelgulasch und alle Saucengerichte. Vorzug der mehligen: mit ihrer Extrastärke gelingt eine Lockerheit wie von Eischnee. Ihr voller, runder Geschmack behauptet sich mühelos gegen Butter und Milch, zum Beispiel im Püree.

Grundsätzlich jedoch gelingt jedes Kartoffelgericht mit jeder Sorte. In den meisten Küchen ist überwiegend nur eine Art vorhanden. Zum Beispiel werden Sie an Mehlig-Festen (diese Sorte vereinigt gleich mehrere Vorzüge) immer Ihre Freude haben. Außerdem sind diese Knollen ideal für Kartoffelpuffer, Pommes, dünne Bratkartoffeln und knackig-saftiges Gratin: außen fest, innen locker. Ebenso ideal für den modernen Haushalt sind »vorwiegend Festkochende«.

Wie kochen? Von Natur aus stecken wertvolle Substanzen in jeder Knolle. Um ihre Inhaltsstoffe gerade für die Diät über den Kochvorgang hinaus zu retten, sollten Sie einiges beachten:

Ertränken Sie die Kartoffel nicht im Wasser. Sie kriegen sie auch weich, wenn der Topfboden nur zweifingerhoch mit Wasser bedeckt ist. Garen bei festschließendem Deckel oder im aufsteigenden Dampf. Bei mäßiger Hitze darf das Kochwasser nicht sprudeln. Sonst hebt der Deckel ab. Kochen Sie möglichst Knollen gleicher Größe, dann sind sie gleichzeitig gar.

Mit einem Trick können Sie die Festigkeit jeder Kartoffelsorte erhöhen: Lassen Sie gekochte Knollen in der Schale abkühlen. Am besten das Wasser abgießen, die Kartoffeln im Topf lassen und den Deckel schließen. So wird die Kartoffel butterweich und doch fest genug für dünne Scheiben. Und Sie erleichtern sich das Schälen. Denn im geschlossenen Topf bleibt die

Kartoffelklöße (verfeinert als »Aufgerissene«, Rezept Seite 140)

Pelle feucht und geschmeidig. Sie läßt sich abziehen, ohne zu reißen.

Welche Gewürze? Jedes, das Ihren Appetit verstärkt. Sehr viele Rezepte empfehlen die magenfreundlichen Kümmel und Muskat. Einige Knoblauch. Oft frische Kräuter: Petersilie, Dill, Kerbel, Kresse, Schnittlauch zum Beispiel. Und häufig Majoran, Thymian und Rosmarin, die traditionellen Kartoffel-Begleiter. Wählen und würzen Sie nach Belieben.

Jedes Gericht soll Ihnen Appetit machen auf das nächste Kartoffelrezept. Wenn Sie dazu Salz benötigen, dann tun Sie es gerne mäßig und ohne Reue. Die entwässernden Eigenschaften der Kartoffel wirken dennoch. Das Salz bindet bloß sofort wieder neue Flüssigkeit in Ihrem Gewebe. Wichtigster Unterschied: Viel Kartoffeln und Null Salz reduziert Ihr Gewicht in zwei, drei Tagen um drei, vier Pfunde (weil ja jeder Liter herausgepreßtes Wasser Sie um 1000 Gramm leichter macht). Aber das ist nur geborgtes Glück. Denn die Flüssigkeit kommt rasch wieder. Am Ende zählen nur die aufgezehrten Fett- und Eiweißdepots.

Die Gewürze und Kräuter, Knoblauch und Zwiebel in den Rezepten unterstützen kräftig die Schlank- und Gesundmacher der verzehrten Knollen. Machen Sie sich das, bitte, möglichst bei jedem Bissen bewußt. Ihre Freude darüber, nicht nur für Ihren Gaumen zu essen, sondern zum Wohl des ganzen Körpers, kann den Ausschlag geben in der nächsten Frage:

Wie lange? Das bestimmen Sie. Orientieren Sie sich an Ihrem vorrangigen Ziel. Wollen Sie deutlich eine nicht ganz wohlproportionierte Gestalt verbessern? Möchten Sie ein Dutzend und mehr überzählige, störende Pfunde loswerden? Dann ist die 4-Wochen-Diät die richtige für Sie. Sie startet auf Seite 65. Nicht einen einzigen Tag werden Sie hungern müssen. Denn sie funktioniert ja sogar noch, wenn Sie die einzelnen schon großzügigen Rezepte ganz individuell Ihrem Appetit entsprechend erweitern.

Reizt es Sie ohne weiteres Ziel, Ihren Organismus langsam auf eine natürlichere, leichtere Ernährung umzustellen? Auch dafür ist die 4-Wochen-Diät der ideale Weg. Ihre meist mehr als 1000 Kalorien am Tag versorgen Ihren Körper mit allem, was er braucht. Jederzeit können Sie Ihren Teller üppiger oder sparsamer beladen. Diese Kartoffel-Küche schmeckt auch mit wenig Fleischanteil. Und schont durch ihre geringe Verbrennungsbelastung. (Um einen üppigen Schweinebraten mit 2000 Kalorien zu »verdauen«, muß ein normaler Organismus ziemlich hart rackern. Da bleiben einige 100 Kalorien gleich wieder auf der Strecke, und Ihr Körper hat nicht davon profitiert.) Selbst wer sich monatelang mit dieser ausgewogenen Kartoffel-Küche ernähren würde, könnte von den Gesundmachern der tollen Knolle immer noch profitieren.

Die anderen, wesentlich kürzeren Diät-Programme eignen sich zum Ausprobieren, als Zwischendurch-Korrektur, als Entschlackungs-Kur (besonders die Püree-Diät ab Seite 41 sowie die Suppen-Diät ab Seite 44). Wenn Sie dabei ein paar Tage lang völlig auf Salz verzichten, purzeln auch ganz schön die Pfunde – beinahe eines pro Tag. Aber bereits der einzelne Kartoffel-Tag hat Wirkung. Entschlacken, entgiften, entwässern und gleichzeitig mit hochwertigen Substanzen versorgen – das geschieht durch jeden einzelnen Bissen. Wie verträgt sich die Kartoffel-Diät mit Vitaminpräparaten? Bestens. Die meisten von uns würden bei kritischer Bewertung erkennen müssen, daß sie an Vitaminen, Spurenelementen und Enzymen eher unterversorgt sind. Menschen auf einer herkömmlichen Diät (einige andere Abmagerungskuren reduzieren Gewicht durch strenge Einseitigkeit!) benötigen sogar Extra-Vitamine der Gruppen B, C, D und E. Solche Vitamingaben während der vollwertigen und ausgewogenen Kartoffel-Diät sind freiwillig, vertragen sich aber bestens mit ihr. Die Wirkstoffe der Knolle, unterstützt von Kräutern, Gewürzen und Gemüsen, kurbeln ja kräftig den Stoffwechsel an.

Tolle Diät-Rezepte: Sattessen mit Belohnung

Verfeinern und ergänzen Sie die Rezepte in den folgenden Kapiteln gerne so, daß Sie Ihnen besonders gut schmecken. Essen Sie reichlich, damit Sie wirklich satt werden. Und bleiben Sie dafür der Kartoffel möglichst lange, lange treu. Bissen für Bissen werden Sie belohnt: mit Wohlbefinden, mit Komplimenten, mit Lebensfreude.
Wenn Sie aber zwischendurch das Gefühl haben, ein bißchen diätmüde zu werden, schlagen Sie schnell die Seite 127 auf. Dann ist es nämlich höchste Zeit für eine Schlemmer-Belohnung …

Ofenkartoffeln mit Champignonbutter
(Rezept Seite 88)

Kartoffel-Wochenende: So öffnen Sie Ihre Sinne

Freie Tage bieten eine gute Gelegenheit, sich ein wenig mehr mit sich selbst zu befassen. Zum Beispiel, sich während des Abnehmens bewußt zu machen: Wie bin ich zu dem gekommen, was ich jetzt ändern möchte? Dabei bietet sich Ihnen eine besondere Chance: Jede Diät öffnet Sinne. Am besten fangen Sie an einem Freitag damit an.

FREITAG ☐ MITTAG

Pommes mit Mozzarella

FÜR 1 PERSON
150 g Tiefkühl-Pommes frites
2 mittelgroße Fleischtomaten
1 Kugel Mozzarella
einige frische Basilikumstengel
Pfeffer
1 EL Olivenöl
2–3 Tropfen Essig
(z. B. Aceto balsamico)
2 schwarze Oliven

1. Backofen auf 225°C vorheizen. Tiefkühl-Pommes unaufgetaut auf das Backblech legen und etwa 20 Minuten goldbraun backen.
2. Die Tomaten waschen und in $^1/_2$ Zentimeter dicke Scheiben schneiden. Den Mozzarella in etwas dünnere Scheiben teilen. Die Tomaten damit belegen.

3. Ein paar Basilikumblättchen abzupfen, waschen und den Mozzarella damit garnieren. Pfeffern. Die Tomaten-Käsescheiben mit etwas Olivenöl benetzen und mit einem Spritzer Essig würzen. Mit halbierten schwarzen Oliven auftragen.

FREITAG ☐ ABEND

Thüringer Bauernsuppe

FÜR 1 PERSON
200 g mehligkochende Kartoffeln
$^1/_4$ Sellerie-Knolle
$^1/_3$ l Fleischbrühe
2 EL Brösel
10 g Butter
Meersalz
weißer Pfeffer
1 EL gehackte Petersilie

1. Kartoffeln in der Schale kochen, pellen und fein reiben.
2. Sellerie schälen, würfeln. Die Brühe erhitzen, und die Selleriewürfel darin gar kochen.
3. Brösel in der Butter rösten, unter die Kartoffeln mengen. Die Brühe dazu gießen. Mit dem Schneebesen kurz verrühren.
4. Mit Salz und Pfeffer abschmecken und vor dem Servieren mit Petersilie bestreuen.

SAMSTAG ☐ MITTAG

Überbackene Hähnchen-Kartoffeln

FÜR 1 PERSON
200 g festkochende Kartoffeln
75 g Blattspinat
100 g Hähnchenbrust
Butter für die Auflaufform
50 g Sahne
1 Ei
30 g frisch geriebener Emmentaler
Salz
weißer Pfeffer
Muskat

1. Salzwasser zum Kochen bringen.
2. Kartoffeln schälen, waschen und in feine Scheiben hobeln. Etwa 5 Minuten im Salzwasser kochen lassen, mit einem Schaumlöffel herausheben und in einem Sieb abtropfen lassen.
3. Den Spinat verlesen, waschen, 1–2 Minuten im Salzwasser blanchieren, herausnehmen und abtropfen lassen.
4. Den Backofen auf 220 °C vorheizen. Die Hähnchenbrust klein würfeln.
5. Kleine Auflaufform buttern. Abwechselnd Kartoffeln, Spinat und Hähnchenfleisch hineinschichten.
6. Sahne, Ei und Käse verquirlen, mit wenig Salz, Pfeffer und Muskat würzen und darüber gießen. Auf einer mittleren Schiene 15–20 Minuten überbacken.

SAMSTAG ☐ ABEND

Aprikosenknödel

Übrigens, selbst dieses Kartoffelgericht läßt sich mühelos einfrieren

FÜR 1 PERSON
$1/4$ l kaltes Wasser
Kartoffelknödel-Pulver (Halb & Halb oder gekocht) für 4 Knödel
4 erntefrische Aprikosen
4 Stück Würfelzucker
8 EL Brösel
40 g Butter
4 TL Puderzucker

1. Das kalte Wasser in eine Schüssel geben und das Pulver mit dem Schneebesen oder Handmixer einrühren. 10 Minuten quellen lassen.
2. Aprikosen halb aufschneiden, Stein entfernen und durch ein Stück Würfelzucker ersetzen.
3. Hände unter fließendem Wasser anfeuchten. Mit den Fingerspitzen etwa ein Viertel der Knödelmasse erfassen und auf der Innenfläche der anderen Hand flach pressen. In die Mitte des Teigs eine Aprikose setzen und die Hand schließen. Knödel mit beiden Händen rund formen, so daß der Teig überall eine Stärke von etwa einem halben Zentimeter besitzt. Eventuell überschüssigen Teig entfernen und zur Masse zurückgeben. Hintereinander so vier gefüllte Obstknödel formen.
4. 1 bis $1^1/2$ l leicht gesalzenes Wasser zum Kochen bringen. Hitze verringern. Alle Knödel einlegen, das Wasser einmal kurz aufkochen lassen. Im geöffne-

ten Topf bei geringer Wärmezufuhr 20 Minuten gar ziehen lassen (bis sie oben schwimmen).
5. Brösel in heißer Butter vorsichtig bräunen. Aprikosenknödel in der Pfanne darin vorsichtig wenden. Mit Puderzucker bestreut servieren.

SONNTAG □ MITTAG

Kartoffel-Spieß
(Foto Seite 39)

FÜR 1 PERSON
300 g mittelgroße,
mehligfestkochende Kartoffeln
Salz
Pfeffer
60 g magerer Räucherspeck
Edelsüßpaprika
200 g große Zwiebeln
Kümmel
1 EL Butter

1. Backofen auf größte Hitze vorheizen. Kartoffeln in der Schale sauber bürsten, abspülen und in $1/2$ Zentimeter dicke Scheiben schneiden. Trockentupfen und nebeneinander auslegen. Wenig salzen und pfeffern.
2. Speck in dünne, etwa gleich große Stücke oder Scheiben schneiden. Mit Paprikapulver würzen.
3. Die Zwiebeln schälen, in dünne Scheiben schneiden und mit wenig Kümmel bestreuen.
4. Die Scheiben abwechselnd auf Spießchen stecken, jeweils mit einer Kartoffelscheibe anfangen und aufhören.

5. Mit flüssiger Butter bepinseln, jeden Spieß fest in Alufolie packen und im Backofen auf einem Bratrost 30–35 Minuten knackig backen.

SONNTAG □ ABEND

Kartoffel-Birnen-Brei
(Altes Thüringer Bauern-Gericht)

FÜR 1 PERSON
250 g mehligkochende Kartoffeln
$1/8$ l Milch
40 g Butter
2 Birnen
1 EL Essig

1. Kartoffeln in der Schale waschen, in einen Kochtopf geben und mit wenig Wasser garkochen. Die Kartoffeln abgießen, schälen, zerstampfen oder durch die Kartoffelpresse drücken oder pürieren.
2. Inzwischen die Milch und 20 g Butter gemeinsam erhitzen, zu den Kartoffeln gießen und die Masse cremig rühren.
3. Birnen schälen, vierteln und vom Kerngehäuse befreien. Mit 2 EL Wasser und der restlichen Butter in einem Topf weich dünsten.
4. Kartoffelmasse zu den Birnen geben, den Essig darunter rühren und heiß anrichten.

Kartoffel-Spieß
(Rezept links)

Der Kartoffel-Tag.
Kurz-Kur nach Maß

Erlaubt sind zehn mittelgroße Kartoffeln. Am besten fünf zu Mittag, fünf am Abend. Oder einfach über den Tag verteilt. Gehen Sie pfleglich mit ihnen um: Kochen, dämpfen oder backen Sie sie in der Schale. Die Pelle ist wasserdicht, und so bleibt der ganze Schatz der Kartoffel-Wirkstoffe garantiert erhalten. Das ist doppelt sinnvoll. Der Kartoffel-Tag ist die ideale Kurz-Kur für jeden Zweck. Einsteigern zeigt sie außerdem auf die leichte Art, wie es ist, ganz bewußt mit mehr Kartoffeln als sonst zu leben.

Was schmeckt Ihnen besser? Mittags könnte es Pellkartoffeln mit 20 g Butter und wenig Salz geben. Abends dann vielleicht Kartoffeln (gekocht oder als Baked Potatoe) mit 200 g Magerquark, entweder pur oder angerührt mit Pfeffer, Curry, Salz, sowie Schnittlauch oder Petersilie. Garnieren Sie die heißen Kartoffeln reichlich mit frischen Kräutern.

Der Kartoffel-Tag beginnt ganz normal mit einem Frühstück (Infos Seite 28). Dort finden Sie auch Zwischengerichte. Beides, Frühstück wie Zwischengerichte, dürfen nicht zu üppig ausfallen.

Unterstützen Sie die entschlackende Wirkung der Kartoffeln deutlich mit kalorienfreien Getränken: Mineralwasser, Kräutertee, Schwarztee.

Für diese einfachste Form einer Kartoffelkur hat die Schauspielerin und Buchautorin Barbara Rütting ihre eigene Philosophie gefunden. Sie sagte: »Manchmal habe ich das Gefühl, daß mir eine kleine Abwechslung guttäte. Dann esse ich einen Tag lang streng nur Pellkartoffeln, ohne Butter, aber mit frischen Kräutern. Dazu trinke ich eine Menge Buttermilch. Oft ergänze ich den Kartoffel-Tag durch eine Kur von außen. Dann lege ich eine Gesichtsmaske aus Kartoffeln auf. Gekochte, zerquetschte Kartoffeln verrühre ich mit Eigelb und Sahne zu einem Brei. Den streiche ich auf das Gesicht und lasse ihn 20 Minuten wirken.«

An diesem Beispiel merken Sie: Der Kartoffel-Tag ist eine gute Gelegenheit, ein bißchen bewußter als sonst an sich und seinen Körper zu denken. Ich kann mir nicht vorstellen, daß das gelingt, wenn um Sie herum die übliche Hektik herrscht. Eher denke ich an einen Tag frei von Pflichten, süßes Nichtstun, Alleinsein, Musikhören, Gedanken nachhängen. Einmal in den (Kartoffel)-Tag hineinleben …

Ich weiß: In solchen 24 Stunden können Sie bis zu vier Pfund abnehmen.

Sollten Ihnen übrigens Pellkartoffeln weniger sympathisch sein als Püree, dann blättern Sie einfach um. Jeder einzelne Tag aus der Püree-Diät eignet sich genauso gut als Kartoffel-Kurz-Kur. Allerdings müssen es dann schon richtig üppige Püree-Portionen von acht bis zehn mittelgroßen Kartoffeln und Milch oder entsprechender Menge Fertigpüree sein.

3-Tage-Püree-Diät

Für einen richtigen Kartoffelbrei lohnt es sich immer, nach mehligkochenden Kartoffelsorten zu suchen. Sie sind trockener und grobkörniger und springen deshalb beim Kochen in Schale meistens auf.

Schade, daß diese kraftstrotzende, urtümliche Kartoffel dem Zeitgeschmack nur noch bedingt entspricht. Was ihre Besonderheit ausmacht, nämlich ihr hoher Gehalt an Stärke, gerät ihr mehr und mehr zum Nachteil. Die mehlige Kartoffel hat ein paar Kalorien mehr, ohne daß dies ins Gewicht fiele. Früher war sie wegen ihrer lockeren Konsistenz Bestandteil jeder Hauptmahlzeit. In Baden und Österreich stand sie als Hochzeitsbrei traditionell im Mittelpunkt großer Feste.

Im Handel gelangen die mehligen Knollen langsam ins Hintertreffen. In der Küche echter Kartoffelgenießer aber nicht. Das lockere Fleisch einer erstklassigen mehligen Sorte garantiert, daß es auf der Zunge zergeht, und gibt dem hausgemachten Püree einen unübertrefflichen Geschmack.

An und für sich läßt sich eine Kartoffel in jeden kulinarischen Genuß verwandeln - mit einer Ausnahme: Püree gelingt meisterlich nur von mehligkochenden Kartoffeln. Sie schaffen eine Lockerheit wie von Eischnee und besitzen die Extrakraft, die sich gegen den Geschmack von Milch und Butter behauptet. Bei allen anderen Sorten sind mehr oder weniger kleine Klümpchen unvermeidlich. Noch ein wenig Warenkunde: Mehlige, gekochte Kartoffeln zerbrechen und zerfallen beim Schälen und Schneiden sehr leicht. Aber nur, solange sie heiß sind. Wenn sie einen Tag liegen, lassen sie sich mühelos auch im Ganzen weiterbehandeln und sogar in dünne Scheiben schneiden.

Auch mit Fertigprodukten gelingt Ihnen ein feines Püree mit wenigen Handgriffen. Aus Pulver, Flocken oder Granulat, mit heißem Wasser oder Wasser mit Milch. Verwenden Sie in diesem Fall für eine Portion mindestens 30 g Fertigprodukt.

Auch wenn Sie auf Diät sind, dürfen Sie Ihr Püree mit ein wenig Butter verfeinern. Denn das wichtigste ist ja: Es muß Ihnen schmecken.

1. TAG ☐ MITTAG

Lyonnaiser Püree

Französische Köche und Köchinnen lieben die Kartoffel. Sie werden nicht müde, immer wieder neue Kreationen auf den Tisch zu bringen. Ein Beispiel ist dieses Rezept.

FÜR 1 PERSON
250 g mehlige Kartoffeln
6–8 EL Milch
1 Prise Muskat
Salz
Pfeffer
1 große Zwiebel
40 g Butter

1. Kartoffeln schälen und in wenig Wasser weich kochen. Nach dem Ab-

gießen pürieren. Das Püree mit der erhitzten Milch cremig schlagen. Mit Muskat, Salz und Pfeffer würzen.

2. Die Zwiebel schälen und in Ringe schneiden. In einem Topf die halbe Butter zerlassen. Die Zwiebel hineingeben und bei schwacher Hitze und ständigem Rühren glasig dünsten.

3. Das Kartoffelpüree zugeben und gut mit den Zwiebeln mischen. Einige Minuten leicht braten, dabei das Umrühren nicht vergessen.

4. Inzwischen Backofen oder Grill einschalten. Das Püree abschmecken. Mit der Hälfte der noch vorhandenen Butter eine Gratin- oder Backform einfetten und das Püree hineingeben. Die Oberfläche glattstreichen. Den Butterrest in Flöckchen darübergeben und das Püree goldbraun werden lassen.

1. TAG □ ABEND

Püree mit buntem Gemüse

FÜR 1 PERSON
250 g mehligkochende Kartoffeln
6 EL Milch
30 g Butter
Salz
Muskat (nach Geschmack)
1 Zwiebel
1/2 Knoblauchzehe
100 g rote oder grüne Paprikastreifen
50 g Prinzeßbohnen (aus der Dose)
100 g geviertelte Tomaten
Pfeffer
Basilikum
gehackte Kräuter
10 g geriebener Edamer

1. Kartoffeln in der Schale waschen, in einen Kochtopf geben und mit wenig Wasser gar kochen. Die Kartoffeln abgießen, schälen, zerstampfen oder durch die Kartoffelpresse drücken oder pürieren. Inzwischen Milch und 10 g Butter erhitzen, zu den Kartoffeln gießen, cremig rühren. Mit Salz und Muskat abschmecken.

2. Zwiebel in Würfel schneiden und in der restlichen, zerlassenen Butter anrösten. Zerdrückte Knoblauchzehe beifügen. Paprikastreifen, Bohnen und geviertelte Tomaten dazugeben und etwa 20 Minuten dünsten. Mit Pfeffer, Basilikum und den gehackten Kräutern würzen. Den Käse darüberstreuen.

2. TAG □ MITTAG

Pikanter Kartoffelbrei

FÜR 1 PERSON
250 g mehligkochende Kartoffeln
6 EL Milch
50 g Speck
1 Zwiebel
2 EL Essig
Salz
Pfeffer

1. Püree mit der ganzen Milch zubereiten, wie vorher beschrieben.

2. Speck klein würfeln, in heißer Pfanne leicht dünsten. Zwiebel klein hacken, dazugeben und bei geringer Hitze dämpfen.

3. Essig unters Püree rühren. Würzen und auf einem Teller anrichten. Zwiebel und Speck darüber geben.

2. TAG □ ABEND

Frischkäse-Püree

FÜR 1 PERSON
250 g mehligkochende Kartoffeln
20 g Butter
6 EL Milch
50 g Frischkäse
Salz
Muskat

1. Die Kartoffeln gründlich waschen, in der Schale kochen, heiß pellen und zerdrücken oder durch ein Sieb passieren.
2. Die Butter in einem Topf zergehen lassen, den Frischkäse dazugeben und mit der Gabel zerkleinern.
3. Die Kartoffelmasse und die Milch hinzufügen und mit dem Mixer cremig rühren. Mit Salz und Muskat abschmecken, noch einmal aufkochen lassen und sofort auftragen.

3. TAG □ MITTAG

Kartoffelpüree Florentiner Art

FÜR 1 PERSON
250 g mehligkochende Kartoffeln
20 g Butter (je 10 für Püree und Spinat)
6 EL Milch
200 g Blattspinat
1/2 Zwiebel
1/2 Zehe Knoblauch
Pfeffer
Muskat

1. Püree zubereiten, wie vorher beschrieben
2. Geputzten Spinat etwa 1 Minute in Wasser kochen, etwas abtropfen lassen und ganz grob hacken. Zwiebel und Knoblauch in kleine Würfel schneiden und in der Hälfte der Butter goldgelb anrösten. Spinat dazugeben und etwa 5 Minuten dünsten. Mit Pfeffer und Muskat abschmecken.
3. Püree zu dem Spinat servieren.

3. TAG □ ABEND

Kartoffel-Äpfel-Brel
(Altes Thüringer Bauern-Gericht)

FÜR 1 PERSON
250 g mehligkochende Kartoffeln
50 g Butter
1/8 l Milch
2 säuerliche Äpfel
Zucker
6 EL Brösel

1. Püree mit der ganzen Milch und etwa 20 g Butter zubereiten, wie vorher beschrieben.
2. Äpfel schälen, vierteln, vom Kerngehäuse befreien und bei schwacher Hitze in wenig Wasser weich dünsten. Zuletzt zerdrücken oder pürieren und zuckern.
3. Püree und das Apfelmus in einem Topf zusammenrühren und kurz aufkochen lassen.
4. Die Brösel in der restlichen Butter leicht bräunen, auf einen Teller verteilen und den Kartoffel-Äpfel-Brei darauf servieren.

4-Tage-Suppen-Diät

Jedes Loblied auf die mehligkochende Kartoffel wäre unvollständig ohne Erwähnung der Kartoffelsuppe. Egal, ob sie pürierte oder geviertelte Kartoffeln enthält: Die kraftstrotzenden, stärkereichen, mehligen Knollen füllen die Flüssigkeit, in der sie gekocht und aufgetischt werden, mit vollem, runden Geschmack aus.

Jeder kennt die Kartoffelsuppe als appetitanregenden Einstieg. Hier bei uns spielt sie die Hauptrolle, als Mittelpunkt der Mahlzeit. In alten Kochbüchern habe ich entdeckt, was unsere Urgroßmütter alles aus Kartoffeln gemacht haben. Was halten Sie zum Beispiel von Kartoffelsuppe mit gebackener Leber oder von Kartoffel-Pudding? Die Koch-Tips finden Sie am Ende des Buches in dem Kapitel »Genuß mit Nostalgie« (Seite 140).

Die Kartoffelsuppe ist ideal für rasches, unkompliziertes Abnehmen in wenigen Tagen. Besonders Männer lassen sich dafür leicht begeistern. Was tpyisch für alle Varianten der Kartoffel-Diät ist, gilt bei den Suppen erst recht: Eine Mengenbeschränkung gibt es nicht. Von diesen herzhaften, heißen und ganz leicht verdaulichen Gerichten dürfen Sie essen, soviel Sie wollen. Da Kartoffelsuppen schnell sättigen, werden Sie bestimmt nie so viele Kalorien zu sich nehmen, daß Ihre Diät-Ziele gefährdet werden könnten.

Die Kartoffelsuppe ist eine französische Erfindung. Aus einer Zeit, in der Wirtsherren in und um Paris sich redlich bemühten, ihre Gäste mit kräftigen Suppen zu stärken, zu »restaurieren«. Da war es ein Segen zu entdecken, wie bereitwillig sich die so fest scheinende Knolle in kochender Flüssigkeit auflöst. Und daß der Verlust ihrer Festigkeit ihre Geschmacksrichtungen kräftig, derb, mild oder fein in keinster Weise beeinträchtigt.   Die Kartoffelsuppe trug von Beginn an das Prädikat »Restaurant«. Und sie war das ideale Element für die Gewürze jener Zeit: Majoran, Kümmel, Thymian, Liebstöckel, Petersilie, Wurzelwerk wie z. B. von der Sellerie und Paprika. Gerade diesen Geschmacksbeigaben verdankte die Kartoffelsuppe ihre große Beliebtheit. Denn sie erleichterte die Verdauung und besänftigte die Nerven. In unserer schnellebigen Zeit hat sich dieser traditionelle Küchen-Star auch als Instant-Gericht durchgesetzt. Wenn Sie möchten, können Sie sich diese Bequemlichkeit (Pulver plus heißes Wasser) durchaus erlauben. Die Suppen-Diät wirkt auch damit.

Andrerseits werden Sie begeistert sein, wie mühelos Ihnen selbst die besten Suppen gelingen.

Übrigens, denken Sie daran: Alle diese Suppen lassen sich ohne Qualitätsverlust einfrieren. Es empfiehlt sich, gleich mehrere Portionen auf einmal zu kochen.

Kartoffelsuppe mit Krabben
(Rezept Seite 46)

1. TAG ☐ MITTAG

Kartoffelsuppe mit Krabben
(Foto Seite 45)

FÜR 1 PERSON
*100 g Hühnerklein (Flügel, Hals,
Magen, Herz)*
1/2 Bund Suppengrün
1/2 l Wasser
Salz
150 g mehligkochende Kartoffeln
1 Eigelb
1 TL Butter
*1 TL frische, feingehackte Ingwer-
wurzel*
2 EL Sahne
Pfeffer aus der Mühle
50 g ausgelöste Nordseekrabben
gehackter Dill und Petersilie
zum Bestreuen

1. Das Hühnerklein waschen, das Suppengrün putzen und klein schneiden.
Beides in einen Topf geben, mit dem
Wasser aufgießen, salzen und zum
Kochen bringen. Eine Stunde kochen
lassen. Die erhaltene Hühnerbrühe
durch ein Sieb gießen und wieder in
den Topf geben.
2. Die Kartoffeln schälen, in Würfel
schneiden und in die Brühe geben. In
25 Minuten gar kochen. Die Suppe insgesamt durch ein Sieb streichen oder
pürieren. Eigelb beifügen, alles aufkochen lassen.
3. Die Butter in einer kleinen Pfanne
heiß werden lassen, den Ingwer kurz
andünsten, die Sahne hinzufügen, pfeffern und durchkochen lassen. Den Herd
ausschalten. Die Krabben in die Sahne

geben und kurze Zeit erwärmen lassen
(nicht kochen).
4. Die Suppe in eine große Tasse füllen, mit zwei Eßlöffel Krabbensahne
garnieren und mit Dill und Petersilie
bestreuen.

1. TAG ☐ ABEND

Milchsuppe

FÜR 1 PERSON
200 g mehligkochende Kartoffeln
1/2 Brötchen
30 g Butter
1/4 l Milch
1 Ei
Salz

1. Kartoffeln in der Schale gar kochen,
pellen und fein reiben.
2. Brötchenhälfte in 2, 3 Scheiben
schneiden und in der Butter etwas anrösten.
3. Die Milch in einem mittelgroßen
Topf bei schwacher Hitze zum Kochen
bringen, das Ei hineinquirlen. Die geriebenen Kartoffeln dazugeben und
einmal kurz aufkochen lassen. Mit
wenig Salz abschmecken.
4. Die Brötchenscheiben in einen Teller legen und die Milchsuppe darübergießen.

2. TAG ☐ MITTAG

Gourmet-Suppe
(nach Paul Bocuse)
(Foto Seite 48)

FÜR 1 PERSON
150 g mehligkochende Kartoffeln
8 EL süße Sahne
40 g Butter
¼ l Fleischbrühe
Meersalz
weißer Pfeffer
Muskat
30 g Steinpilze oder Pfifferlinge
Kerbelblätter

1. Alle Kartoffeln – bis auf eine, die Sie für die Einlage benötigen – schälen und in Salzwasser kochen. Abgießen, mit dem Mixer pürieren, durch eine Kartoffelpresse drücken oder ein Sieb streichen. Mit der Sahne und der halben Menge Butter im heißen Topf zu Püree verrühren.
2. Mit der Fleischbrühe aufgießen und bei schwacher Hitze unter Rühren mit dem Schneebesen erneut zum Kochen bringen. Behutsam mit Salz, Pfeffer und Muskat würzen.
3. Die restliche Kartoffel schälen, würfeln und in der verbliebenen Butter kräftig anrösten. Die Pilze schnetzeln, dazugeben und bei schwacher Hitze weichdünsten. Mit Salz, Pfeffer und Muskat abschmecken.
4. Die Kartoffel-Pilz-Einlage abtropfen lassen und auf Küchenpapier kurz entfetten. Die Suppe anrichten und mit der Pilz-Garnierung und frischen Kerbelblättern servieren.

2. TAG ☐ ABEND

Schnelle Suppe

FÜR 1 PERSON
1 Portion Instant-Kartoffelsuppe
(Beutel)
2 Tassen Wasser
Salz
Pfeffer
Muskat
1 Frankfurter oder Wiener Würstchen
1 Scheibe Knäckebrot

1. Wasser zum Kochen bringen, Instant-Kartoffelsuppe mit Schneebesen einrühren. Mit wenig Salz, Pfeffer, Muskat abschmecken.
2. Würstchen in der Suppe etwa 10 Minuten ziehen lassen. Dann kleinschneiden und in der Kartoffelsuppe servieren.

Mit einem Knäckebrot dazu ergibt dies ein kalorienarmes, aber trotzdem sättigendes Abendessen.

3. TAG ☐ MITTAG

Majoransuppe

FÜR 1 PERSON
100 g mehligkochende Kartoffeln
1/2 Bund Suppengemüse
1/2 TL Majoran
1 Messerspitze Kümmel
Lorbeerblatt
10 g Butter
1/2 Zwiebel
30 g Pilze
1 TL Mehl
etwas Zitronenschale
Salz
Pfeffer
nach Geschmack Knoblauch
1 EL gehackte Petersilie

1. Die Kartoffeln schälen und mit dem Suppengemüse würfeln. In einen Topf mit 2 Tassen Wasser geben und zum Kochen bringen. Würzen und fast eine halbe Stunde lang garen.
2. Die Zwiebel würfeln, in einem zweiten Topf oder einer hohen Pfanne die Butter heiß werden lassen und die Zwiebelwürfel mit den kleingeschnittenen Pilzen glasig dünsten, mit Mehl bestäuben und gemeinsam bräunen lassen.
3. Die Suppe samt Kartoffeln und Gemüse dazugießen, etwas Zitronenschale hinzufügen und drei Minuten durchkochen. Mit Salz, Pfeffer und eventuell Knoblauch abschmecken. Vor dem Servieren die Suppe mit gehackter Petersilie bestreuen.

Gourmet-Suppe
(Rezept Seite 47)

3. TAG ☐ ABEND

Kartoffel-Porree-Eintopf
(Foto Seite 50)

FÜR 1 PERSON
200 g mehligkochende Kartoffeln
1/2 Stange Porree
1 kleine Zwiebel
1 TL Öl
Salz
Pfeffer
Muskat
1/8 l Fleisch- oder Gemüsebrühe
1/2 Glas kräftiger Weißwein
50 g Tofu
1 EL gehackte Petersilie

1. Kartoffeln schälen, waschen und in dünne Scheiben schneiden. Porree putzen, waschen und in Ringe schneiden. Zwiebel enthäuten und ebenfalls in Ringe schneiden.
2. Öl in einem Topf heiß werden lassen, die Zwiebelringe bei schwacher Hitze glasig dünsten. Kartoffeln und Porree hinzufügen und mehrmals im Topf wenden. Mit Salz, Pfeffer, Muskat abschmecken.
3. Die Brühe und den Wein dazugießen, zum Kochen bringen und die Kartoffeln, den Porree und die Zwiebel etwa 20 Minuten darin ziehen lassen.
4. Tofu würfeln oder zerdrücken, pürieren und unter den Eintopf rühren. Ein paar weitere Minuten garen, nochmals würzen und abschmecken. Anrichten und mit Petersilie bestreuen.

4. TAG □ MITTAG

Kartoffel-Hühnersuppe

FÜR 1 PERSON
200 g mehligkochende Kartoffeln
1 große Tasse Geflügel-, Fleisch- oder
Gemüsebrühe (z. B. von Extrakt)
Suppengrün
1 EL Butter
¼ Poulardenbrust
1 EL süße Sahne
Salz
Pfeffer
Dill

1. Kartoffeln pellen, waschen und fingerbreit würfeln. Brühe in einem Topf erhitzen. Kartoffeln und das Suppengrün hineinlegen und bei mäßiger Hitze zugedeckt etwa 15 Minuten garen.
2. Die Butter in einer Pfanne erhitzen. Die Poulardenbrust von allen Seiten rasch anbraten, herausnehmen und in dünne Scheiben schneiden.
3. Kartoffeln mit der Suppe in einen Rührbecher füllen und mit dem Mixer pürieren. Sahne unterziehen, leicht salzen und pfeffern.
4. In den Kochtopf zurückgießen, die Poulardenscheiben hineinlegen und alles noch einmal kurz aufkochen lassen. Mit etwas Dill verzieren.

4. TAG □ ABEND

Kartoffel-Zuckerschoten-Suppe
(Foto Seite 52)

FÜR 1 PERSON
200 g mehligkochende Kartoffeln
0,1 l Milch
0,2 l Brühe (z. B. Wasser plus
1 TL Fischfond)
Meersalz
weißer Pfeffer
100 g Zuckerschoten
10 g Butter
50 g Räucherlachs
Dill

1. Die Kartoffeln pellen, waschen und würfeln. In der Brühe und der Milch zum Kochen bringen. Salzen, pfeffern und zugedeckt gar kochen.
2. Die Enden der Zuckerschoten abknipsen, die Schoten kurz blanchieren und abschrecken. In einer Pfanne die Butter schmelzen lassen, die Schoten darin langsam erhitzen.
3. Die Kartoffeln mit der Milch und dem Fond pürieren und abschmecken.
4. Den Räucherlachs in feine, kurze Streifen schneiden.
5. Die Suppe in einen tiefen Teller geben. Mit den Schoten und den Räucherlachsstreifen belegen, mit abgezupften Dillspitzen garnieren.

Kartoffel-Porree-Eintopf
(Rezept Seite 49)

10-Tage-Büro-Diät: Managen Sie Ihr Idealgewicht

Erste Woche

Die Kartoffel hat nur Freunde. Das werden Sie merken, wenn Sie zum erstenmal vor den Augen der Kolleginnen und Kollegen ein Gericht aus der Kartoffel-Diät für unterwegs verzehren. Die 10 Mittagessen, die Ihnen hier schmackhaft gemacht werden, können Sie also wirklich unbesorgt an Ihrem Arbeitsplatz auspacken. Alle schmekken sowohl warm wie auch kalt. Einige lassen sich mühelos schon mit Hilfe einer Kaffeemaschinen-Warmhalteplatte erwärmen. Andere halten in der Alufolie stundenlang zum Teil ihre Temperatur. Wenn brühend heißes Wasser zur Verfügung steht, kommen Sie außerdem mit Instant-Kartoffelsuppe oder Instant-Püree bestens über die Runden. Abnehmen beim Arbeiten ist teils leichter, weil der Trubel Sie ablenken kann; teils härter, weil Streß Kräfte verzehrt und Sie schneller hungrig macht. Beginnen Sie deshalb den Diät-Tag mit einem ausgiebigen Frühstück. Versorgen Sie sich mit reichlich Zwischenmahlzeiten – Obst oder gesunde Knabbereien. Wählen Sie abends aus dem reichhaltigen Rezeptangebot in diesem Buch Kartoffelgerichte, die Ihnen ganz besonders schmecken. Sein Essen mit an den Arbeitsplatz zu

Kartoffel-Zuckerschoten-Suppe
(Rezept Seite 51)

schleppen, ist ein bißchen umständlich und unangenehm. Gönnen Sie sich spätestens am Wochenende etwas Schönes für Ihre tolle Leistung! Die Bilanz zweier Büro-Diät-Wochen, in denen Ihr Körper doppelt arbeiten muß – für die Firma und für eine bessere Figur – kann sich meistens sehen lassen: 8 bis 10 Pfund weniger! Die meisten finden es ganz praktisch, die Büro-Diät an einem Montag zu starten. In diesem Fall können Sie am Sonntag ein außergewöhnliches Kartoffelgericht vorkochen.

1. TAG ☐ MITTAG

Kartoffel-Strudel
(Foto Seite 55)

(Die Zubereitung erfordert einige Geduld. Der Strudel läßt sich jedoch portionsweise einfrieren)

FÜR 4 PORTIONEN
800 g festkochende Kartoffeln
Strudelteig:
200 g Weizenmehl
1 Ei
3 EL Öl
3–5 EL lauwarmes Wasser
Salz
Füllung:
1 Gemüsezwiebel
40 g Butter
1 EL Majoran
1 TL Kümmel
Salz
Pfeffer
2 EL Crème fraîche
200 g Magerquark

1. Die Kartoffeln waschen, in der Schale gar kochen und abkühlen lassen.

2. Das Mehl (bis auf 3 EL für später) auf eine trockene Arbeitsplatte (oder Backblech, Holzbrett) streuen, salzen und in der Mitte eine Vertiefung drücken. Ei und Öl hineingeben, etwas Wasser hinzufügen und mit etwas Mehl verquirlen. Mit den Handballen alles langsam durcharbeiten, bis allmählich ein Teig entsteht. Nach und nach das restliche Wasser dazugeben. Wenn der Teig einen leichten Glanz erhält, daraus eine Kugel formen. Mit etwas zusätzlichem Öl bepinseln und eine angewärmte Schüssel darüberstülpen. Den Teig etwa 30 Minuten ruhen lassen.

3. Die Zwiebel schälen, grob hacken. Die Hälfte der Butter in einer mittelgroßen Pfanne erhitzen und die Zwiebel bei leichter Hitze glasig braten.

4. Die Kartoffeln pellen, in etwa 1 Zentimeter große Würfel schneiden, zu den Zwiebeln in die Pfanne geben und unter vorsichtigem Rühren kurz anschwitzen. Mit Majoran, Kümmel, Salz und Pfeffer vorsichtig würzen.

5. Die Pfanne von der Kochstelle nehmen. Den Backofen auf 200 °C vorheizen.

6. Ein Geschirrtuch mit den restlichen 3 EL Mehl bestreuen. Den Strudelteig schon ziemlich dünn zu einem Rechteck ausrollen. Mit einer Hand, Rücken nach oben, unter den Strudelteig greifen und über den anderen Handrücken vorsichtig zu sich ziehen. Solange, bis er so dünn ist, wie Sie ihn wollen. Die dicken Ränder abschneiden. Erneut auf dem Tuch ausbreiten.

7. Créme fraîche und Quark unter die Kartoffel-Zwiebel-Masse ziehen und alles gleichmäßig auf den Teig verteilen. Links und rechts 3 Zentimeter Teig frei lassen.Mit Hilfe des Tuchs den gefüllten Teig zu einem Strudel rollen. Die beiden offenen Seiten gut zuklappen oder fest zudrücken.

8. Den Strudel vom Tuch auf ein gefettes Backblech gleiten lassen. Die restliche Butter zergehen lassen und den Strudel damit bestreichen. Mit dem Kümmel (je nach Geschmack, sehr magenfreundlich) bestreuen.

9. In etwa 30 Minuten auf einer mittleren Schiene goldbraun backen. Den fertigen Strudel mit dem Sägemesser vierteln.

Schmeckt warm oder kalt. Sie können den Strudel zum Teil auch vorsichtig in Scheiben schneiden und für später als Beilage zu einem Fleischgericht einfrieren.

Kartoffel-Strudel
(Rezept Seite 53)

2. TAG ☐ MITTAG

Kartoffel-Tomaten-Salat

FÜR 1 PERSON
2 mittelgroße festkochende Kartoffeln
1 Ei
3 Tomaten
1/2 Fenchelknolle
2 Sardellenfilets
25 g mageren, gekochten Schinken
1/2 Zwiebel
2 EL gehackte Petersilie
1 TL Kapern
Pfeffer
1 EL Obstessig
1 TL Öl

1. Die Kartoffeln in der Schale garen, pellen. Das Ei hart kochen.
2. Die Kartoffeln, das Ei, die Tomaten und die Fenchelknolle in gleich dicke Scheiben schneiden.
3. Die Sardellenfilets in kleine Stückchen und den Schinken in Streifen schneiden, die Zwiebel würfeln und die Petersilie fein hacken.
4. Alles zusammen in einer Schüssel durchmischen. Die Kapern darüberstreuen. Pfeffern, sowie Essig und Öl darübergießen.

3. TAG ☐ MITTAG

Bio-Burger
(Foto Seite 57)

FÜR 1 PERSON
2 große festkochende Kartoffeln
10 g Butter
4 Cocktail-Rostbratwürstchen
100 g Paprikasalat (aus dem Glas)
1/4 Gurke

1. Backofen auf 200 °C vorheizen. Kartoffeln kräftig abbürsten, in der Schale einzeln in reichlich Alufolie wickeln (ideale Verpackung, um die Burger später an die Arbeitsstätte mitzunehmen). Eine Stunde backen.
2. Butter zergehen lassen, die Rostbratwürstchen bei mäßiger Hitzezufuhr gar und rundum braun werden lassen.
3. Kartoffeln aus der Folie nehmen und der Länge nach bis über die Mitte einschneiden und zum Füllen vorsichtig aufklappen. Paprikasalat und Gurkenscheiben hineingeben und obenauf mit den Rostbratwürstchen garnieren.
4. Die Bio-Burger wieder einzeln in Alufolie wickeln und im noch heißen Backofen erneut erhitzen.

In der Alufolie bleiben diese Burger mehrere Stunden wenigstens lauwarm. Auf der Warmhalteplatte einer Kaffeemaschine können sie übrigens leicht erwärmt werden. Schmecken auch kalt vorzüglich.

Bio-Burger
(Rezept oben)

4. TAG ☐ MITTAG

Kartoffel-Maultaschen
(Foto Seite 59)

FÜR 1 PERSON
250 g mehligkochende Kartoffeln
1 Ei
40 g Weizenmehl
Salz
Pfeffer
Muskat
30 g magerer Räucherschinken
3 Frühlingszwiebeln
20 g Butter oder Schmalz
2 EL gehackte Kräuter
2 EL saure Sahne

1. Die in der Schale gekochten Kartoffeln pellen und fein reiben. Das Ei damit vermengen, eßlöffelweise das Mehl dazugeben und zu einem Teig kneten, bis er glatt und fest ist.
2. Mit Salz, Pfeffer und Muskat würzen. Aus dem Teig eine Rolle von etwa 4 Zentimeter Durchmesser formen.
3. Für die Füllung den Schinken würfeln. Die Zwiebeln säubern, die Wurzeln abschneiden. Einen Teil des Grüns in dünne Ringe schneiden.
4. Etwa das halbe Fett in einer kleineren Pfanne erhitzen. Die Zwiebelringe und den Schinken anrösten. Die Kräuter untermengen. Kurz dünsten.
5. Die Kartoffelrolle in 3 Scheiben teilen. Auf einer mit Mehl bestäubten Arbeitsplatte jede Scheibe bis auf etwa 3 Millimeter mit einem Nudelholz ausrollen.
6. Jedes Teigstück mit etwas saurer Sahne bestreichen. Auf das linke obere Viertel $1/3$ der Füllung verteilen. Die untere Teighälfte nach oben klappen, jetzt die rechte Teighälfte nach links. Die Ränder rund um die Füllung leicht andrücken.
7. Die restliche Butter flüssig werden lassen. Die Maultaschen leicht überlappend in eine Auflaufform setzen. Mit der flüssigen Butter bestreichen. In etwa 35 Minuten bei 200 °C goldbraun braten, dabei die Maultaschen immer wieder mit dem Fett beträufeln.

5. TAG ☐ MITTAG

Kartoffel-Porree-Suppe

FÜR 1 PERSON
1 Zwiebel
1 Möhre
2 Porreestangen
1 EL Öl
$3/8$ l Wasser
25 g (3 EL) Kartoffelsuppen-Pulver
Pfeffer
Muskat
1 TL frisch gehackte Petersilie

1. Zwiebel, Möhre und das Weiße vom Porree in Scheiben schneiden. In einem Topf das Öl erhitzen und das Gemüse 5 Minuten dünsten.
2. Das Wasser zugießen, zum Kochen bringen und 10 Minuten ziehen lassen. Das Suppen-Pulver einrühren.
3. Mit Pfeffer und Muskat abschmecken. Die Petersilie darüberstreuen.

Kartoffel-Maultaschen
(Rezept links)

Zweite Woche

1. TAG ☐ MITTAG

**Kartoffelsalat
mit Räucherfisch**
(Foto Seite 61)

FÜR 1 PERSON
*1 EL Linsen
1 Möhre
1 Petersilienwurzel
1 Lorbeerblatt
1/2 l Wasser
150 g festkochende Kartoffeln
2 Frühlingszwiebeln
Salz
1 EL Essig
1 Messerspitze Senf
1 EL Pflanzenöl
Pfeffer
50 g Schillerlocken*

1. Die Linsen über Nacht in kaltem Wasser einweichen.
2. Möhre und Petersilienwurzel schälen und in kleine Würfel schneiden. Mit dem Lorbeerblatt und den Linsen in einen Topf geben, 1/2 l Wasser dazugießen. In etwa 15–20 Minuten bißfest kochen.
3. Die Kartoffeln waschen und in der Schale gar kochen. Pellen und in Scheiben schneiden.
4. Die Frühlingszwiebeln waschen, von den Wurzeln befreien und mit einem Teil des Grüns in feine Ringe schneiden.
5. Linsen, Möhre und Petersilie in ein Sieb schütten (Lorbeerblatt entfernen).

In einer Schüssel mit den Kartoffelscheiben mischen.
6. Salz, Essig, Senf verrühren und das Öl unter weiterem Rühren dazugeben. Die Marinade über den Salatzutaten verteilen und mit Pfeffer bestreuen. Gründlich mischen. Mindestens eine Stunde durchziehen lassen.
7. Die Schillerlocken in kleine Stücke zerpflücken, unter den Kartoffelsalat mischen. Wenn nötig, mit Salz und Pfeffer noch einmal abschmecken.

2. TAG ☐ MITTAG

Fenchelcremesuppe

FÜR 1 PERSON
*1 große festkochende Kartoffel
1 Zwiebel
1 Fenchelknolle
2 Tassen Gemüse- oder
Fleischbrühe
1 Ei
Pfeffer
Muskat*

1. Die Kartoffel schälen, die Zwiebel und die Fenchelknolle säubern, alles in 1-cm-Würfel schneiden. Mit 2 Tassen Brühe in einen Topf geben und 25 Minuten dünsten.
2. Das rohe Ei in einen Mixer geben, kurz verrühren. Die Hälfte des bereits gegarten Gemüses aus der Brühe holen, dazugeben und ebenfalls pürieren.

Kartoffelsalat mit Räucherfisch
(Rezept links)

3. Die cremige Masse zurück zu den Kartoffel-Gemüse-Würfeln in den Topf füllen, erwärmen, aber nicht mehr kochen lassen. Eventuell noch etwas Brühe dazugießen. Mit Pfeffer und Muskat abschmecken.
Schmeckt kalt und warm.

3. TAG □ MITTAG

Bunter Kartoffelsalat

FÜR 1 PERSON
1 große festkochende Kartoffel
1 Orange
2 Tomaten
1 Zwiebel
1 Staude Chicorée
Streuwürze
2 TL Zitronensaft
Pfeffer
¹/₂ Becher magerer Joghurt
2 TL Tomatenketchup
1 TL Zucker
25 g gekochter Schinken

1. Kartoffel in der Schale weich kochen. Nach dem Abkühlen pellen und in Scheiben schneiden.
2. Orange, Tomaten, Zwiebel und Chicorée ebenfalls in Scheiben schneiden.
3. Mit der Kartoffel scheibchenweise in einer Schüssel anrichten. Streuwürze überstäuben, mit dem Zitronensaft und etwas Pfeffer würzen. Ziehen lassen.
4. Joghurt, Tomatenketchup und den Zucker vermischen und über die Kartoffel-Gemüse-Scheiben gießen.
5. Den Schinken würfeln und darüberstreuen.

4. TAG □ MITTAG

Kartoffelpüree-Salat

FÜR 1 PERSON
4 EL Instant-Kartoffelpüree-Pulver
1 Tasse Wasser
1 Zwiebel
2 Tomaten
2 Sardellenfilets
2 EL fein gehackte Küchenkräuter
1 EL Essig
1 TL Öl
150 g Sauerkraut
10 blaue oder grüne Trauben

1. Kartoffelpüree nach Anleitung in 1 Tasse kochendem Wasser zubereiten und abkühlen lassen.
2. Zwiebel, Tomaten und Sardellenfilets in kleine Würfel schneiden. Mit den Kräutern unters Püree mischen.
3. Essig, Öl und etwas Pfeffer einrühren.
4. Aus dem Sauerkraut auf einem flachen Teller einen Kranz bilden. Das Püree einfüllen und mit den Trauben garnieren.
Die letzten Handgriffe machen Sie am besten erst an Ihrem Arbeitsplatz.

Baked Potatoe mit Avocadocreme
(Rezept Seite 65)

5. TAG □ MITTAG

Folienkartoffel mit Tofu-Tzatziki
(Foto Seite 24)

FÜR 1 PERSON
1 sehr große (oder 2 mittlere)
mehligkochende Kartoffel
1 Messerspitze Kümmel
ca. 80 g Tofu
1 TL Öl
1/2 Zwiebel
1/2 kleine Gurke
1 Knoblauchzehe
Salz
1 EL frisch gehackte Kräuter

1. Backofen auf 200 °C vorheizen.
2. Kartoffel waschen und in kochendem Wasser mit dem Kümmel etwa 15 Minuten vorgaren. In Alufolie wickeln und im Backofen in etwa 25 Minuten fertiggaren.
3. Inzwischen Tofu mit dem Öl pürieren. Zwiebel würfeln und daruntermischen.
4. Gurke schälen und fein raspeln, Knoblauchzehe durchpressen. Beides unter den Tofu mischen und alles mit Salz und Kräutern abschmecken.
5. Die gebackene Kartoffel in der geöffneten Folie tief einschneiden und das Tzatziki darauf häufen.

Auch dafür gilt: In der geschlossenen Folie hält sich die Backkartoffel stundenlang warm. Außerdem kann sie auf der Warmhalteplatte einer Kaffeemaschine wieder erwärmt werden. Deshalb die letzten Handgriffe vielleicht erst am Arbeitsplatz durchführen (Vorsicht, Knoblauch!).

4-Wochen-Diät

1. TAG □ MITTAG

Baked Potatoe mit Avocado-Creme
(Foto Seite 63)

FÜR 1 PERSON
3 mehligkochende Kartoffeln
1 reife Avocado
30 g Gorgonzola
2 EL Crème fraîche
50 g Quark
Zitronensaft
1 EL Lachskaviar

1. Den Backofen auf 220 (bei Umluft: 200)°C vorheizen.
2. Die Kartoffeln waschen und abbürsten. Abtrocknen und einzeln auf ein quadratisches Stück Alufolie legen. Die vier Ecken nach oben falten und über den Kartoffeln fest zusammendrehen. Die drei Folien-Päckchen auf einem Backrost in der Mitte des Backofens 50–60 Minuten garen.
3. Währenddessen die Avocado der Länge nach halbieren, den Kern und die Haut entfernen. Das Fruchtfleisch in kleine Stücke schneiden und im Mixer pürieren.
4. Den Gorgonzola mit einer Gabel zerdrücken und mit der Crème fraîche und dem Quark vermischen. Das Avocadomus unter die Masse rühren und kräftig mit dem Zitronensaft abschmecken.
5. Die Baked Potatoes aus dem Backofen nehmen, die Folien öffnen und jede Kartoffel mit einem Messer kreuzförmig tief einschneiden. Behutsam auseinanderdrücken. Diese Öffnungen mit 2–3 EL Avocado-Creme füllen und mit Lachskaviar verzieren.

1. TAG □ ABEND

Kartoffeln in Tomatensauce
(Foto Seite 66)

FÜR 1 PERSON
250 g mehligkochende Kartoffeln
200 g vollreife Tomaten
1 Möhre
1/2 Stange Porree
1/2 Gemüsezwiebel
1 Knoblauchzehe
1 EL Öl
Salz
Pfeffer
Thymian
Rosmarin
1 Glas Rotwein
Oregano

1. Die Tomaten blanchieren, häuten, halbieren, von den Kernen befreien und kleinschneiden.
2. Möhre und Porree putzen, Zwiebel und Knoblauch schälen und alles in kleine Würfel schneiden.
3. Das Öl in einem mittelgroßen Schmortopf erhitzen und das Gemüse darin anschwitzen. Die Tomaten dazugeben und mit Salz, Pfeffer und den Kräutern (ausgenommen Oregano) würzen. Den Rotwein dazugießen und die Sauce 15 Minuten bei geringer Hitzezufuhr köcheln lassen.

4. In der Zwischenzeit die Kartoffeln schälen, waschen und vierteln. In die fertige Tomatensauce legen und mit wenig Hitze in etwa 30 Minuten garen. Mit den Gewürzen abschmecken, mehrmals umrühren.
5. Mit Oregano bestreuen.

2. TAG □ MITTAG

Kartoffelgratin

FÜR 1 PERSON
300 g mehligkochende Kartoffeln
1 Knoblauchzehe
1 TL Butter
50 g Sahne
1 Eigelb
Salz
Pfeffer
Muskat

1. Die Kartoffeln schälen, waschen und mit dem Gurkenhobel in eine mit Wasser gefüllte Schüssel hobeln.
2. Den Backofen auf 200 °C vorheizen. Eine kleine Auflaufform mit den Hälften der Knoblauchzehe ausreiben und mit der Butter einfetten.
3. Die Kartoffelscheiben in einem Sieb abtropfen und mit Küchenpapier trocknen. In die Form schichten.
4. Sahne und Eigelb verquirlen, kräftig mit Salz, Pfeffer und Muskat würzen und über die Kartoffeln verteilen.
5. Auf der mittleren Schiene etwa 45 Minuten goldgelb backen.

Kartoffeln in Tomatensauce
(Rezept Seite 65)

2. TAG □ ABEND

Wickelklöße mit Spinat

FÜR 1 PERSON
300 g mehligfestkochende Kartoffeln
40 g Mehl
1 Ei
Salz
Pfeffer
Muskat
etwas Zitronensaft
1 Prise Zimt
25 g Semmelbrösel
1 TL Butter
Tiefkühl-Spinat (1 Portion)

1. Kartoffeln in der Schale kochen, sofort pellen und reiben. Mit dem Mehl, dem Eigelb und dem halben Eiweiß zu einem Teig verarbeiten. Mäßig salzen, pfeffern und mit Muskat, Zitronensaft und Zimt abschmecken.
2. Die Semmelbrösel in der Butter bräunen und auskühlen lassen.
3. Großes Stück Alufolie auslegen, mit Öl bestreichen, den Teig drauflegen und rechteckig zu einer 1 cm dicken Platte ausrollen. Mit dem restlichen Eiweiß bestreichen, und die Semmelbrösel auf der Teigplatte verteilen.
4. In einem mittelgroßen Topf etwa 1 Liter Salzwasser zum Sieden bringen.
5. Teigplatte mit Hilfe der Folie vorsichtig zu einer Art Strudel rollen. Noch in der Folie mit den Händen nachformen und festdrücken.
6. Tiefkühlspinat nach Anleitung zubereiten.
7. Die Teigrolle vorsichtig aus der

Folie auspacken und in etwa 3 cm breite Scheiben schneiden, die möglichst zusammengerollt bleiben. Ins leise siedende Salzwasser legen und und bei wenig Hitze etwa 10 Minuten garen lassen. Sofort mit dem Spinat auftragen.

3. TAG □ MITTAG

Würstchen im Kartoffelteig
(Foto Seite 136)

FÜR 1 PERSON
300 g mehligfestkochende Kartoffeln
40 g Mehl
1 Ei
Salz
Pfeffer
Muskat
etwas Zitronensaft
Öl zum Braten
1 Scheibe Hartkäse
1 Wiener Würstchen
1 Kopfsalat
1 TL gehackte Petersilie
Joghurtdressing

1. Kartoffeln in der Schale kochen, sofort pellen und reiben. Mit dem Mehl, dem Eigelb und dcm halbcn Eiweiß zu einem Teig verarbeiten. Mäßig salzen, pfeffern, mit Muskat und Zitronensaft und abschmecken.
2. Großes Stück Alufolie auslegen, mit Öl bestreichen, den Teig drauflegen und rechteckig zu einer 1 cm dicken Platte ausrollen – Maß: länger als das Würstchen, viermal so breit. Mit dem restlichen Eiweiß bestreichen.

3. Das Teigstück mit der Käsescheibe und dem Würstchen belegen. Den Teig über das Würstchen klappen und die beiden offenen Enden gut festdrücken.
4. In einer beschichteten Pfanne Öl erhitzen. Bei geringer Hitzezufuhr das eingehüllte Würstchen von allen Seiten gar braten.
5. Mit Salat servieren.

3. TAG □ ABEND

Kartoffelsalat mit Shii-Take-Pilzen
(Foto Seite 69)

FÜR 1 PERSON
300 g festkochende Kartoffeln
75 g Shii-Take-Pilze
(oder Pfifferlinge, Champignons)
1 Schalotte
1 EL Öl
Salz
Pfeffer
Thymian
1 EL Weißweinessig
2 EL Weißwein
nach Geschmack Aceto balsamico

1. Die Kartoffeln waschen und gar kochen.
2. Die Pilze putzen, waschen, größere Pilze halbieren oder vierteln. Die Schalotte schälen und würfeln.
3. Die Hälfte des Öls in einer Pfanne erhitzen und die Pilze mit den Schalottenwürfeln bei geringer Hitzezufuhr etwa 5 Minuten dünsten. Mit Salz,

Kartoffelsalat mit Shii-Take-Pilzen
(Rezept oben)

Pfeffer und Thymian würzen und von der Kochstelle nehmen.
4. Die gekochten Kartoffeln aus dem Wasser nehmen, auskühlen lassen, pellen und in dünne Scheiben schneiden.
5. Essig und Wein verrühren, eventuell Aceto balsamico hinzufügen, salzen und das restliche Öl zugießen.
6. Kartoffeln, Pilze und Schalottenwürfel in eine Schüssel geben, mit der Marinade übergießen.

4. TAG ☐ MITTAG

Geknofelte Ofenkartoffeln
(Foto Seite 11)

FÜR 1 PERSON
3 mittelgroße mehligkochende Kartoffeln
2 Knoblauchzehen
2 EL Öl
Kümmel
Rosmarin

1. Backofen auf 200 °C vorheizen.
2. Die Kartoffeln in der Schale im Wasser sauber bürsten, abtrocknen und der Länge nach halbieren.
3. Knoblauchzehen schälen und durch die Knoblauchpresse auf einen kleinen Teller drücken. Mit dem Öl verrühren, mit Kümmel und Rosmarin würzen. Die Schnittflächen der Kartoffeln damit bestreichen.
4. Die Kartoffelhälften mit der Schnittfläche nach oben auf das Backblech setzen und in der Mitte des Backofens in etwa 30–40 Minuten garen.

4. TAG ☐ ABEND

Schinken-Ofenkartoffeln

FÜR 1 PERSON
2 große mehligkochende Kartoffeln
1 Scheibe (30 g) gekochter Schinken
30 g Mozzarella (oder anderer schmelzender Käse)
4 Zuckerschoten
1/2 Zwiebel
25 g Champignons
1 EL Butter
Pfeffer
Basilikumblätter

1. Kartoffeln in der Schale waschen, kräftig bürsten und in etwa 25 Minuten in leicht kochendem Wasser garen.
2. Schinken und Käse klein würfeln. Zuckerschoten putzen, in kochendem Wasser kurz blanchieren, abtrocknen und in Streifen schneiden.
3. Zwiebel schälen, Champignons putzen und beides in kleine Würfel schneiden.
4. Butter in einer Pfanne erhitzen, Zuckerschoten, Champignons, Schinken zugeben und etwa 5 Minuten dünsten. Mit Pfeffer abschmecken.
5. Backofen auf 175 °C vorheizen.
6. Kartoffeln abgießen, abtrocknen und an einer Längsseite mit dem Teelöffel ein wenig aushöhlen. Diese Vertiefung mit der Schinken-Gemüse-Masse füllen. Obenauf die Mozzarella-Würfel legen.
7. Kartoffeln im vorgeheizten Backofen etwa 15 Minuten garen. Vor dem Servieren mit Basilikumblättern garnieren.

5. TAG □ MITTAG

Salbei-Kartoffeln

FÜR 1 PERSON
30 g mittelgroße mehligkochende
Kartoffeln
1 EL Öl
Salz
Pfeffer
Muskat
1 Scheibe Frühstücksspeck (30 g)
Salbeiblätter
1 EL geriebener Hartkäse
(z. B. Emmentaler oder Parmesan)

1. Backofen auf 200 °C vorheizen.
2. Die Kartoffeln schälen, waschen und auf einer Längsseite mehrmals quer 1 Zentimeter tief einschneiden.
3. Eine kleine feuerfeste Form einölen und die Kartoffeln mit den Einschnitten nach oben hineinsetzen. Mit dem Öl bestreichen und mit Salz, Pfeffer und Muskat würzen.
4. Den Frühstücksspeck fein würfeln, rund um die Kartoffeln in der Form verteilen.
5. Im Backofen auf mittlerer Stufe etwa 40 Minuten garen. Das ausgelassene Speckfett hin und wieder über die Kartoffeln träufeln.
6. Danach Salbeiblätter in die Backform legen und alles weitere 10 Minuten bei 200 °C schmoren lassen.
7. Anrichten und mit dem geriebenen Käse bestreuen.

5. TAG □ ABEND

San Francisco-Kartoffeln
(Baked Potatoe, italienisch)

FÜR 1 PERSON
1/2 Tasse Salz
3 große mehlige Kartoffeln
30 g Butter
1/2 Tasse Milch
1 Knoblauchzehe
50 g Gorgonzola
1/2 Zwiebel
1 EL Schnittlauch, geschnitten

1. Backblech in der Mitte 1/2 Zentimeter hoch mit dem Salz bedecken. Backofen auf 170 °C vorheizen.
2. Kartoffeln waschen, bürsten. In der Schale auf das Salz setzen und in etwa 60 Minuten weich garen.
3. Die Kartoffeln herausnehmen, flach hinlegen und das obere Drittel des Knollenrückens abschneiden. Die Knollen vorsichtig aushöhlen, das Kartoffelfleisch mit einem Teelöffel herausholen.
4. Butter zergehen lassen, Milch heiß machen. Die heiße Kartoffelfülle passieren und Milch und die halbe Butter nach und nach hineinpürieren. Knoblauchzehe zerquetschen, Gorgonzola zerdrücken, die Zwiebel fein würfeln. Alles mit einem Mixer in den cremigen Kartoffelbrei einrühren.
5. Die würzige Masse in die ausgehöhlten Kartoffeln füllen. Mit Flöckchen aus der restlichen Butter belegen. Wieder auf das Salz-Backblech setzen und weitere 30 Minuten bei 170 °C backen.

6. TAG ☐ MITTAG

Grüne Pfanne

FÜR 1 PERSON
300 g festkochende Kartoffeln
3 TL Butter
3 Perlzwiebeln
50 g Champignons
1 Tasse Fleischbrühe
Pfeffer
Muskat
100 g kleine Tomaten
1 Bund Petersilie
Basilikum

1. Kartoffeln waschen und kräftig bürsten. Kleine neue Kartoffeln ganz lassen, größere in zentimeterdicke Scheiben schneiden. 1 TL Butter in einer mittelgroßen Pfanne heiß werden lassen und die Kartoffeln etwa 10 Minuten kräftig anbraten.
2. Die Perlzwiebeln säubern. Champignons waschen, größere halbieren oder vierteln. 2 TL Butter in einer zweiten, kleineren Pfanne erhitzen. Erst die Zwiebeln darin anbräunen, dann die Champignons dazugeben und bei mäßiger Hitze mitdünsten.
3. Zwiebel und Champignons zu den halbgaren Kartoffeln in die Pfanne geben, die Brühe dazugießen und mit etwas Pfeffer und Muskat abschmecken. Zugedeckt weitere 10 Minuten bei mäßiger Hitze garen lassen, bis die Brühe fast verschwunden ist.
4. Die Tomaten heiß überbrühen, enthäuten und ganz zuletzt in die Pfanne geben. Anrichten und mit gehackter Petersilie und Basilikum bestreuen.

6. TAG ☐ ABEND

Kartoffel-Gemüse
(Foto Seite 73)

FÜR 1 PERSON
200 g festkochende Kartoffeln
1/2 kleine Zwiebel
1 EL Öl
1 EL kleingehackter Speck
1/2 Tasse Wasser
2 EL Rotwein
1 Spritzer Essig (z. B. Aceto balsamico)
Salz
Pfeffer
1 zerdrückte Wacholderbeere
1 Lorbeerblatt

1. Die Kartoffeln schälen, waschen und in 1 Zentimeter große Würfel schneiden. Die Zwiebel schälen und fein würfeln.
2. In einem mittelgroßen Schmortopf das Öl erhitzen. Speck- und Zwiebelwürfel andünsten. Wasser, Wein und Essig dazugeben. Mit Salz, Pfeffer, der Wacholderbeere und dem Lorbeer würzen.
3. Den Sud einmal aufkochen lassen. Die Kartoffelwürfel dazugeben und bei geringer Hitzezufuhr zugedeckt etwa 20 Minuten garen.
4. Das Lorbeerblatt und die Wacholderbeere entfernen. Mit Pfeffer und Essig abschmecken.

Kartoffel-Gemüse
(Rezept oben)

7. TAG ☐ MITTAG

Griechische Kartoffelpaste
(Foto Seite 74)

FÜR 1 PERSON
200 g mehligkochende Kartoffeln
Salz
1 Knoblauchzehe
1 Eigelb
1 EL gehackte Zwiebel
1 EL Olivenöl
1 EL Zitronensaft
Pfeffer
1 EL gehackte Walnüsse
1 EL Petersilie

1. Die Kartoffeln schälen, waschen, vierteln und in wenig Salzwasser gar kochen.
2. Die Knoblauchzehe schälen, klein schneiden und mit einer festen Gabel zerdrücken.
3. Die Kartoffeln durch eine Kartoffelpresse drücken. Eigelb, Zwiebel und Knoblauch untermischen. Mit einem Holzlöffel verrühren und nach und nach das Olivenöl dazugeben.
4. Mit Zitronensaft und Pfeffer abschmecken. Die gehackten Walnüsse unterziehen. Anrichten und mit Petersilie bestreuen.

Griechische Kartoffelpaste
(Rezept oben)

7. TAG ☐ ABEND

Ungarisches Kartoffelgulasch

FÜR 1 PERSON
100 g Gulasch (Rind oder Schwein)
1 EL Schmalz oder Butter
3 Zwiebeln
¼ l Brühe (oder Wasser mit Fleisch- oder Gemüseextrakt)
3 TL Paprikapulver
300 g mehligkochende Kartoffeln
1 EL Majoran
1 Gewürzgurke
Kümmel
Salz

1. Gulasch in daumengroße Stücke zerkleinern. Fett in einem Schmortopf erhitzen und das Fleisch von allen Seiten kräftig anbraten.
2. Zwiebeln schälen und fein würfeln. Zum Fleisch geben und bei reduzierter Hitze dünsten lassen.
3. Brühe bzw. Wasser mit Fleisch- oder Gemüseextrakt zum Kochen bringen.
4. Paprikapulver zum Fleisch und den Zwiebeln geben und verrühren. Mit der kochenden Brühe aufgießen. Wenig salzen und alles bei geringer Hitzezufuhr etwa 90 Minuten köcheln lassen.
5. Inzwischen Kartoffeln in der Schale kochen, pellen und in fingerdicke Würfel schneiden. Sobald das getan ist, zum Gulasch in den Schmortopf geben, Majoran einrühren und alles gemeinsam zu Ende köcheln lassen.
6. Gewürzgurke fein würfeln und dazugeben. Mit etwas Kümmel und Salz abschmecken.

8. TAG ☐ MITTAG

Kartoffel-Putengratin
(Foto Seite 77)

FÜR 1 PERSON
200 g festkochende Kartoffeln
100 g Putenfleisch
100 g Spinat (frisch oder aufgetaut)
Butter für eine Auflaufform
50 g Sahne
1 Ei
1 EL geriebener Hartkäse
(z. B. Emmentaler)
Pfeffer
Muskat

1. ¹/₂ l Wasser mit etwas Salz zum Kochen bringen.
2. Die Kartoffeln schälen, waschen und in dünne Scheiben hobeln oder schneiden. Das Putenfleisch in ¹/₂ Zentimeter dicke Streifen schneiden.
3. Den Backofen auf 220 (bei Umluft: 200) °C vorheizen.
4. Die Kartoffelscheiben für etwa 5 Minuten ins siedende Salzwasser legen. Dann herausheben und abtropfen lassen. Den Spinat 1–2 Minuten blanchieren, ebenfalls abtropfen lassen.
5. Eine kleine Auflaufform fetten. Kartoffelscheiben und Spinat reihenweise nebeneinander einschichten. Obenauf das Putenfleisch legen.
6. Die Sahne, das Ei und den Käse verquirlen, mit Pfeffer und Muskat würzen und über die Auflauf-Masse gießen. Auf mittlerer Schiene 20–25 Minuten backen.

8. TAG ☐ ABEND

Kartoffelsuppe mit Garnelen
(Foto Seite 17)

FÜR 1 PERSON
1 Bund Suppengrün
2 Tassen Brühe (aus Extrakt)
1 Lorbeerblatt
Pfeffer
200 g mehligkochende Kartoffeln
2 EL Butter
125 g Wirsing
1 TL Currypulver
1 EL Sahne
1 Riesengarnele
Thymian
Muskat
1 TL fein geschnittener Schnittlauch

1. Das Suppengrün waschen und kleinschneiden. Die Brühe zum Kochen bringen. Lorbeerblatt und Suppengrün etwa 30 Minuten ziehen lassen, mit Pfeffer würzen.
2. Die Kartoffeln schälen, waschen und kleinwürfeln. Den Wirsing putzen und in dünne Streifen schneiden.
3. Die Brühe durch ein Sieb gießen.
4. 1 EL Butter in einem Kochtopf erhitzen. Die Kartoffeln und den Wirsing anrösten. Mit dem Currypulver würzen. Brühe und Sahne dazugießen. Zugedeckt unter geringer Hitzezufuhr 30 Minuten köcheln lassen.
5. 1 EL Butter in einer kleinen Pfanne erhitzen. Die Riesengarnele von allen Seiten kräftig anbraten.

Kartoffel-Putengratin
(Rezept links)

6. Die Suppe mit einem Mixer fein pürieren. Noch einmal mit Pfeffer, Thymian, Muskat abschmecken. In einem Teller anrichten.
7. Die Garnele aus der Schale lösen. In die Suppe geben. Mit dem Schnittlauch bestreuen.

9. TAG □ MITTAG

Kümmelkartoffeln mit Champignons

FÜR 1 PERSON
3 mittelgroße mehligkochende
Kartoffeln
1 EL Butter
Kümmel
100 g Champignons
1 Zwiebel
Pfeffer
Kräuter der Saison

1. Backofen auf 220 (bei Umluft: 200) °C vorheizen.
2. Kartoffeln in der Schale kräftig bürsten, waschen, der Länge nach halbieren. Die Schnittflächen mit der halben Butter bestreichen.
3. Backblech mit Kümmel bestreuen. Kartoffeln mit der Schnittfläche drauflegen und etwa 30–40 Minuten garen.
4. In der restlichen Butter die zerkleinerten Champignons und die kleingehackte Zwiebel schmoren lassen. Mit Pfeffer abschmecken.
5. Kartoffeln, Pilze und Zwiebeln anrichten. Mit den fein gehackten Kräutern bestreuen.

9. TAG □ ABEND

Salbei-Gnocchi

FÜR 1 PERSON
300 g mehligkochende Kartoffeln
1 Ei
35 g Weizenmehl
Salz
Pfeffer
Muskat
1 EL Butter
einige frische Salbeiblätter
1 EL geriebener Hartkäse

1. Knapp die Hälfte der Kartoffeln kochen und pellen.
2. Die restlichen Kartoffeln roh schälen, waschen.
3. Alle Kartoffeln reiben und mit Ei, Mehl, Salz, Pfeffer und Muskat zu einem Teig verarbeiten.
4. In einem großen Topf etwa 1 1/2 l Salzwasser zum Kochen bringen.
5. Aus dem Teig etwa eßlöffelgroße Mengen abstechen oder abschneiden. Zwischen den Händen daraus Gnocchi drehen – fingerförmige Teigwürstchen.
6. Im siedenden Salzwasser bei geringer Hitzezufuhr etwa 10 Minuten ziehen lassen, bis sie an die Oberfläche steigen.
7. In einer mittelgroßen Pfanne die Butter zerlassen, die Salbeiblätter klein zupfen und kurz anbraten.
8. Die Gnocchi mit einem Schaumlöffel vorsichtig aus dem Kochtopf heben und in die Pfanne legen. Mit den Salbeiblättern mischen.
9. Auf vorgewärmtem Teller anrichten. Mit dem Käse bestreuen.

10. TAG ☐ MITTAG

Kartoffelknödel mit Apfelrotkraut

FÜR 1 PERSON
*3 Kartoffelknödel (Tiefkühlprodukt
oder Kochbeutel)*
1/2 Zwiebel
1 TL Öl
200 g Rotkraut
1/2 säuerlicher Apfel
Pfeffer
Zimt
gemahlene Nelken
1 TL Essig

1. Die Kartoffelknödel laut Anleitung
etwa 20 Minuten im siedenden Wasser
ziehen lassen.
2. Zwiebel klein würfeln, in heißem Öl
anrösten. Rotkraut hobeln, dazugeben
und anschmoren. Nach Belieben etwas
Wasser zugießen.
3. Apfel schälen, entkernen, in Scheiben schneiden. Mit dem Rotkraut weitere 20 Minuten dünsten.
4. Mit Pfeffer, Zimt, Nelken und
einem Spritzer Essig abschmecken. In
etwa 10 Minuten bei geringer Hitzezufuhr fertig garen.

10. TAG ☐ ABEND

Pichelsteiner Eintopf
(Foto Seite 80)

FÜR 1 PERSON
*100 g mageres Schmorfleisch
(Rind, Schwein oder Lamm)*
1/2 Zwiebel
1 EL Butter oder Schmalz
Majoran
Pfeffer
Salz
150 g festkochende Kartoffeln
100 g Möhren
1/2 Stange Porree
1/2 kleine Knolle Sellerie
ca. 100 g Weißkohl oder Wirsing
1 Tasse Fleischbrühe
Petersilie

1. Fleisch in daumengroße Würfel
schneiden. Zwiebel schälen, grob würfeln.
2. In einer Kasserolle das Fett erhitzen. Das Fleisch kräftig anbraten, Hitze
reduzieren und die Zwiebel dazugeben.
Mit Majoran, Pfeffer und Salz würzen.
Die Kasserolle vom Herd nehmen.
3. Kartoffeln schälen, waschen und in
kleine Würfel schneiden. Möhren scha-
ben und in Scheiben schneiden. Das
Weiße vom Porree waschen und in Ringe schneiden. Sellerie gut schälen,
klein würfeln. Kohl bzw. Wirsing gut
putzen, waschen und in Stücke schneiden. Alle Gemüse mischen.
4. Zwei Drittel des Fleischs und der
Zwiebel aus der Kasserolle nehmen.
Das verbleibende Drittel mit der Hälfte
des Gemüses bedecken. Darauf das

restliche Fleisch und die Zwiebel geben. Pfeffern, salzen, mit der Brühe aufgießen.
5. Den Pichelsteiner bei mäßiger Hitze und mit geschlossenem Deckel 90 Minuten auf dem Herd oder 2 Stunden bei 180 °C im Backofen garen. Mit frisch gehackter Petersilie bestreut servieren.

11. TAG □ MITTAG

Berliner Kartoffelfächer
(Foto Seite 82)

FÜR 1 PERSON
300 g mehligkochende Kartoffeln
2 EL Butter
Salz
Pfeffer
Kümmel
50 g geriebener Hartkäse

1. Backofen auf 200 °C vorheizen.
2. Kartoffeln schälen, waschen und an der Oberseite quer etwa 2 Zentimeter tief fein und fächerförmig einschneiden.
3. Eine feuerfeste Form mit der halben Butter einfetten. Die Kartoffelfächer mit den Einschnitten nach oben in die Form setzen. Mit Salz, Pfeffer und Kümmel würzen, mit der restlichen zerlassenen Butter beträufeln.
4. Im Backofen etwa 30 Minuten lang mehlig backen. Herausnehmen, mit dem Käse bestreuen und weitere 10 Minuten bei 200 °C im Ofen lassen.

Pichelsteiner Eintopf
(Rezept Seite 79)

11. TAG □ ABEND

Kartoffelsuppe mit Blattspinat

FÜR 1 PERSON
100 g Blattspinat
1 TL Butter
1 EL in Würfel gehackte Zwiebeln
Pfeffer
Muskat
1 TL Knoblauchpulver
(oder 1/2 zerdrückte Knoblauchzehe)
1/4 l Wasser
3 EL Kartoffelsuppenpulver

1. Spinat etwa 1 Minute in siedendem Wasser kochen, abtropfen lassen und in mundgerechte Portionen schneiden.
2. Butter in einem Schmortopf heiß werden lassen, Zwiebelwürfel goldgelb anrösten. Spinat dazugeben und etwa 5 Minuten dünsten lassen.
3. Mit Pfeffer, Muskat und Knoblauch würzen. Wasser dazugießen, aufkochen lassen. Mit dem Schneebesen das Kartoffelsuppenpulver einrühren.

12. TAG ☐ MITTAG

Peperoni-Kartoffelgratin

FÜR 1 PERSON
200 g mehligkochende Kartoffeln
¹/₂ Tasse Milch
2 TL Butter
1 EL Öl
1 Zucchini
Salz
Pfeffer
1 Knoblauchzehe
1 Peperoni
1 Tomate
50 g geriebener Hartkäse
3 EL Sahne

1. Backofen auf 200 °C vorheizen.
2. Kartoffeln kochen, pellen, mit Milch und mit 1 TL Butter zu einem Püree mixen.
3. Kleine Auflaufform mit der restlichen Butter einfetten. Die Hälfte des Pürees zwei Daumen dick auftragen (Rest aufbewahren).
4. In einer kleinen Pfanne Öl erhitzen, Zucchini in ¹/₂ Zentimeter dicke Scheiben schneiden und mäßig anbraten. Mit Salz und Pfeffer würzen. Knoblauch hinzufügen.
5. Peperoni entkernen und in dünne Streifen schneiden. Auf das Kartoffelpüree in der Auflaufform verteilen. Tomate in dicke Scheiben schneiden. Mit jeweils der Hälfte der Tomaten- und Zucchinischeiben das Kartoffelpüree belegen. Hälfte des Käses darüberstreuen.

Berliner Kartoffelfächer
(Rezept Seite 81)

6. Restliches Kartoffelpüree obenauf in die Auflaufform geben. Mit den übrigen Tomaten- und Zucchini-Scheiben belegen. Restlichen Käse darüberstreuen.
7. Butterflöckchen draufsetzen. Mit der Sahne übergießen. Bei 200 °C im Backofen etwa 35 Minuten backen.

12. TAG ☐ ABEND

Kartoffel-Kranz
(Foto Seite 84)

FÜR 1 PERSON
200 g mehligkochende Kartoffeln,
am Vortag gekocht
4 EL Mehl
1 Ei
Salz
Pfeffer
Muskat
20 g Butter oder Schmalz

1. Den Backofen auf 200 °C vorheizen.
2. Die Kartoffeln schälen, waschen und auf einem Reibeisen fein raspeln. Mit Mehl und Ei kräftig zu einem Kartoffelteig kneten. Mit Salz, Pfeffer und Muskat etwas würzen.
3. In einer feuerfesten Auflaufform das halbe Fett erhitzen.
4. Aus dem Kartoffelteig eine lange, fingerdicke Rolle formen (z. B. mit der Handfläche rollen). Spiralenförmig von innen nach außen in der Auflaufform anordnen. Kurz auf dem Herd anbraten.
5. Die Kartoffelspirale mit dem restlichen Fett bestreichen. Die Auflauf-

form auf der mittleren Schiene in den Backofen stellen und in etwa 20 Minuten goldbraun werden lassen.
Tip: Mit Salat oder Apfelkompott servieren.

13. TAG ☐ MITTAG

Doppelter Kartoffelpuffer

FÜR 1 PERSON
4 EL Butter oder Schmalz
4 Kartoffelpuffer (Tiefkühlprodukt)
1 Ei
1 EL Wasser
$^1/_2$ Bund Schnittlauch
Salz
Pfeffer
Muskat
1 Scheibe gekochter Schinken (40 g)

1. 3 EL Butter oder Schmalz in einer Pfanne erhitzen. Kartoffelpuffer von beiden Seiten braun braten. Weiter auf Hitze halten.
2. Ei mit dem Wasser verquirlen. Schnittlauch in Röllchen schneiden. Gewürze und Schnittlauch hinzufügen. Schinken in Streifen schneiden und darunterrühren.
3. 1 EL Butter oder Schmalz in einer weiteren Pfanne erhitzen. Die Eimasse hineingeben und zu Rührei braten.
4. Zwei Kartoffelpuffer mit je dem halben Rührei belegen und mit einem zweiten Puffer »doppeln«. Knackig heiß servieren.

Kartoffel-Kranz
(Rezept Seite 83)

13. TAG ☐ ABEND

Zucchini-Kartoffel-Schupfnudeln
(Foto Seite 86)

FÜR 1 PERSON
300 g mehligkochende Kartoffeln
2 kleine Zucchini
1 Ei
40 g Mehl
Salz
Muskat
2 EL Semmelbrösel
2 EL Butter oder Schmalz
Joghurtsauce:
$^1/_2$ Becher magerer Joghurt
1 EL Zitronensaft
Pfeffer
1 EL kleingehackte frische Kräuter

1. Die Kartoffeln in der Schale weichkochen, pellen und durch die Kartoffelpresse drücken.
2. Die Zucchini schälen, waschen, die Enden abschneiden, der Länge nach halbieren. Grob raspeln, in einem Sieb abtropfen lassen und danach mit Küchenpapier trocken tupfen.
3. Kartoffeln mit Ei und Mehl vermischen, mit Salz und Muskat würzen, die geraspelten Zucchini dazugeben und alles kräftig zu einem Teig kneten. Bei Bedarf noch etwas Mehl untermischen.
4. Den Teig auf einer Arbeitsplatte zu einer Rolle formen. Zentimeterdicke Scheibchen abschneiden und mit den Handflächen daraus etwa fingerdicke, circa 5 Zentimeter lange Schupfnudeln rollen. Ein wenig in Semmelbröseln wenden.
5. Die Hälfte der Butter (oder des

Schmalzes) in einer Pfanne erhitzen. Die Schupfnudeln knusprig anbraten. Mit dem restlichen Fett in einem Schmortopf bei geringer Hitzezufuhr zugedeckt nachdämpfen lassen.
6. Joghurt und Zitronensaft verrühren. Mit Pfeffer abschmecken. Zum Schluß die feingehackten Kräuter unterziehen.

14. TAG □ MITTAG

Kartoffelplätzchen mit Kohlrabi

FÜR 1 PERSON
75 g Krokettenpulver
1 EL Mehl (zum Bestäuben der
Arbeitsplatte)
1 EL Öl
1/8 l Wasser
150 g Kohlrabi
Pfeffer
Muskat
etwas frisch gezupfte Petersilie
5 EL Sahne

1. Krokettenteig nach Anleitung zubereiten. Auf einer mit Mehl bestäubten Arbeitsplatte eine etwa 4 Zentimeter dicke Rolle bilden. In 8 Scheiben schneiden.
2. In einer mittelgroßen Pfanne das Öl erhitzen und die Kartoffelscheiben an beiden Seiten kräftig anbraten. Bei geringer Hitzezufuhr 10 Minuten garen lassen.
3. In einem Kochtopf das Wasser zum Sieden bringen. Kohlrabi waschen und

Zucchini-Kartoffel-Schupfnudeln
(Rezept Seite 85)

schälen, in kleine Würfel schneiden und kurz im Wasser garen. Mit Pfeffer, Muskat und Petersilie würzen. Zuletzt die Sahne dazugießen und einmal aufkochen lassen.

14. TAG □ ABEND

Fisch im Kartoffelstroh

FÜR 1 PERSON
1 große (2 mittlere) mehligkochende
Kartoffel
Salz
Pfeffer
Rosmarin
2 EL Butter
1 Fischfilet (Seezunge,
Rotbarsch, Schellfisch)
1/2 Zitrone
1 EL Mehl
1 Tomate

1. Backofen auf 200 °C vorheizen.
2. Kartoffel schälen, waschen und in streichholzdicke Scheiben schneiden. Trockentupfen. Die Scheiben in extrem schmale Streifen schneiden – Strohkartoffeln.
2. Kartoffelstreifen mit Salz und Pfeffer würzen und mit Rosmarin bestreuen, auf einem Backblech auslegen und in etwa 25 Minuten goldgelb backen.
3. Butter in einer Pfanne zergehen lassen. Den Fisch in fingerdicke Streifen schneiden, mit Mehl bestäuben und in der Butter rundherum knusprig braten.
4. Strohkartoffeln und Fisch auf einem Teller anrichten, mit geviertelter Tomate garnieren.

15. TAG □ MITTAG

Ofenkartoffeln mit Champignonbutter
(Foto Seite 34)

FÜR 1 PERSON
6 kleine Champignons
1 Frühlingszwiebel
40 g Butter
etwas Knoblauch
3 mittelgroße mehligkochende Kartoffeln
1 EL Öl
Salz
1 Messerspitze Kümmel
1 Messerspitze getrockneter Thymian
Basilikumblätter

1. Die Champignons putzen, waschen, trockentupfen und in dünne Scheiben schneiden. Die Frühlingszwiebel säubern und fein würfeln.
2. 10 g Butter in einer kleinen Pfanne erhitzen, Zwiebel und Knoblauch anrösten, die Pilzscheiben hinzufügen und bei geringer Hitzezufuhr 10 Minuten schmoren lassen.
3. Die Basilikumblätter waschen, trockentupfen und zerpflücken. Mit den gegarten Champignons, der Zwiebel, dem Knoblauch und wenig Salz in einem Mixer pürieren.
4. Die Pilzmasse unter die restliche Butter rühren. Drei kleine Kugeln formen. Im Gefrierfach kaltstellen.
5. Backofen auf 220 °C vorheizen.
6. Die Kartoffeln in der Schale waschen, kräftig abbürsten, abtrocknen und der Länge nach halbieren.

7. Die Schnittstellen mit Öl bestreichen, salzen und mit Kümmel und Thymian bestreuen.
8. Die Kartoffelhälften mit der Schnittfläche nach oben auf ein Backblech legen. In der Mitte des Backofens etwa 35 Minuten gar backen.
9. Die sechs Kartoffelhälften auf einem Teller anrichten, mit Basilikumblättern garnieren und mit der geeisten Champignonbutter auftragen.

15. TAG □ ABEND

Kartoffel-Roulade
(Foto Seite 89)

FÜR 1 PERSON
75 g Krokettenpulver
1/8 l Wasser
1/2 Zwiebel
50 g Hackfleisch
1 Ei
1 EL Petersilie
Pfeffer
Muskat
Basilikum
Mehl (zum Bestäuben der Alufolie)
1 EL Butter

1. Krokettenpulver mit dem Mixer in entsprechende Menge kaltes Wasser (laut Anleitung) einrühren und 5 Minuten quellen lassen.
2. Zwiebel fein hacken, mit Hackfleisch, Ei, Petersilie, den Gewürzen und dem Basilikum vermengen.

Kartoffel-Roulade
(Rezept oben)

3. Krokettenteig kräftig durchkneten. Großes Stück Alufolie reichlich mit Mehl bestäuben, Teig auftragen und mit nassen Handflächen auf etwa 1 Zentimeter Dicke flach drücken.
4. Die Hackfleischmasse auftragen.
5. Mit Hilfe der Alufolie vorsichtig zu einer Roulade rollen. Etwa 1 Zentimeter dicke Scheiben abschneiden und in der Butter beidseitig knusprig braten. Mit Salat servieren.

16. TAG ☐ MITTAG

Bircher-Benner-Kartoffeln mit Salat und Quarkcreme

FÜR 1 PERSON
3 kleine festkochende Kartoffeln
1 TL Öl
Salz
Kümmel
6 Tomaten
einige Blätter Kopfsalat
Quarkcreme:
1 Scheibe gekochter Schinken
3 EL Quark
3 EL Milch
Salz
Pfeffer
Edelsüßpaprika
Petersilie

1. Die Kartoffeln in der Schale waschen und abbürsten. Der Länge nach halbieren. Kleine Pfanne mit Öl bepinseln, etwas Salz und Kümmel einstreuen. Kartoffeln mit der Schnittfläche nach unten hineinschichten und bei geringer Hitze in etwa 25 Minuten garen.

2. Tomaten in Scheiben schneiden, auf Salatblättern anrichten.
3. Schinken in Würfel schneiden. Magerquark, Milch, Salz, Pfeffer, Edelsüßpaprika und feingehackte Petersilie vermischen. Schinkenwürfel hinzufügen.
4. Kartoffeln mit den Tomaten und der Quarkcreme anrichten.

16. TAG ☐ ABEND

Wirsingeintopf mit Lammfleisch
(Foto Seite 91)

FÜR 1 PERSON
3 mehligkochende Kartoffeln
250 g Wirsing
100 g saftiges Lammfleisch
(z. B. Hüfte)
1 EL Öl
Salz
Pfeffer
Kümmel
1 Tasse Fleisch- oder Gemüsebrühe
1 EL Crème fraîche

1. Die Kartoffeln schälen, waschen und vierteln. Den Wirsingkohl waschen und in fingerbreite, kurze Streifen schneiden.
2. Das Lammfleisch in daumengroße Stücke zerkleinern. In einem Schmortopf das Öl erhitzen und das Fleisch von allen Seiten kurz anbraten. Mit Salz, Pfeffer und 3–5 Kümmelkörnern würzen.

Wirsingeintopf mit Lammfleisch
(Rezept oben)

3. Die Kartoffeln und den Wirsing zu dem Fleisch geben, mit der Brühe aufgießen. Alles zugedeckt unter geringer Hitzezufuhr etwa 45 Minuten köcheln lassen.
4. Die Crème fraîche dazugeben, unterziehen und aufkochen lassen.

17. TAG ☐ MITTAG

Kartoffelsalat mit Kräutern
(Foto Seite 93)

FÜR 1 PERSON
300 g festkochende Kartoffeln
4 EL heiße Fleisch- oder
Gemüsebrühe (z. B. aus Extrakt)
1 EL Essig
Salz
Pfeffer
1 TL Öl
1/2 kleine Zwiebel
1 EL feingehackte Kräuter:
Schnittlauch, Dill,
Kerbel, Basilikum,
Petersilie nach Geschmack

1. Die Kartoffeln waschen und samt Schale gar kochen. Heiß schälen, etwas abkühlen lassen und mit Gefühl in dünne Scheiben schneiden.
2. Kartoffeln in eine kleine Schüssel schichten und mit der heißen Brühe übergießen.
3. Essig, Salz und wenig Pfeffer vermischen. Öl einrühren. Zwiebelhälfte häuten, fein würfeln und mit den Kräutern unter die Marinade ziehen. Alles über die Kartoffeln gießen und vorsichtig durchmischen.

17. TAG ☐ ABEND

Ananas-Krautklöße

FÜR 1 PERSON
75 g Kartoffelklöße-Pulver
(z. B. Halb und Halb oder rohe)
1 Messerspitze Salz
(fürs Kochwasser)
100 g Sauerkraut
1 Zwiebel
1 Scheibe Ananas
1 EL Butter
1 Lorbeerblatt
1 Nelke
1 Wacholderbeere
Pfeffer
1 EL Weißwein

1. Kartoffelklöße-Pulver entsprechend der Anleitung in Wasser einrühren. 10 Minuten quellen lassen. Salzwasser zum Kochen bringen.
2. Sauerkraut grob in 1–2 Zentimeter kurze Streifen schneiden. Zwiebel hacken, Ananas klein würfeln. Alles in der zerlassenen Butter mäßig anbraten. Lorbeerblatt, Nelke und Wacholderbeere dazugeben, mäßig pfeffern und etwa 15 Minuten garen lassen. Mit dem Weißwein verfeinern.
3. Aus dem Kartoffelteig mit nassen Handflächen drei Klöße formen, jeden kurz noch einmal aufbrechen, mit etwa 2 EL Ananas-Krautmasse füllen und wieder schließen.
4. Im siedenden Wasser bei mäßiger Hitze 15 Minuten ziehen lassen.

Kartoffelsalat mit Kräutern
(Rezept links)

18. TAG ☐ MITTAG

Ungarische Kartoffelplätzchen

FÜR 1 PERSON
50 g Krokettenpulver
2 mittelgroße Zwiebeln
je 1 rote und grüne Paprika
3 EL Mehl
1 EL Öl
1 TL Tomatenmark
1 TL Edelsüßpaprikapulver
Salz
Pfeffer

1. Krokettenpulver in etwa $1/8$ l Wasser einrühren. 10 Minuten quellen lassen.
2. Zwiebel schälen und in strohdünne Streifen schneiden. Paprika abspülen und ebenso in Streifen schneiden. Mit einigen EL Wasser in einem Schmortopf erhitzen und langsam 25 Minuten dünsten.
3. Arbeitsplatte mit etwa 3 EL Mehl bestäuben. Je 2 EL Krokettenmasse mit nassen Händen zu flachen Plätzchen formen. Im Öl auf beiden Seiten braun braten.
4. Das Gemüse mit dem Tomatenmark, dem Paprikapulver, Salz und Pfeffer würzen. Mit den heißen Kartoffelplätzchen anrichten.

18. TAG ☐ ABEND

Kartoffelgratin mit Munsterkäse
(Foto Seite 95)

FÜR 1 PERSON
3 mittelgroße mehligkochende
Kartoffeln
Salz (fürs Kochwasser)
2 TL Butter
75 g Munsterkäse
Kümmel
Pfeffer

1. Die Kartoffeln säubern und samt der Pelle in reichlich Salzwasser garkochen. Abgießen und etwas abkühlen lassen. Die Kartoffeln schälen und der Länge nach halbieren.
2. Den Grill (oder Backofen) auf 220 °C vorheizen.
3. Eine kleine, runde (oder die Ecke einer größeren) Auflaufform mit der Butter einfetten. Die Kartoffelhälften kreisförmig (oder quadratisch) mit der Schnittfläche nach oben in die Form schlichten.
4. Den Munsterkäse in 6 dünne Scheiben schneiden und jede Kartoffelhälfte damit belegen. Mit Kümmel und Pfeffer würzen.
5. Unter dem Grill oder bei kräftiger Backofenhitze so lange gratinieren, bis der Käse appetitlich bräunt.

Kartoffelgratin mit Munsterkäse
(Rezept oben)

19. TAG □ MITTAG

Herbst-Rösti mit geräuchertem Lachs

FÜR 1 PERSON
*2 mittelgroße festkochende
Kartoffeln
150 g Kürbis
1 EL Öl
1 Ei
2 EL Mehl
Salz
Pfeffer
Muskat
2 dünne Scheiben Räucherlachs
1 EL Crème fraîche
Schnittlauch*

1. Kartoffeln schälen, waschen. Kürbisstück schälen. Beides auf einer Reibe grob raspeln.
2. Öl in einer Pfanne erhitzen. Kartoffeln und Kürbis mit dem Ei, dem Mehl und den Gewürzen zu einer Masse vermischen. Aus je 3 EL davon eine dünne Röstischeibe formen und goldbraun braten.
3. Zu jedem Rösti einen Appetithappen Lachs und 1 TL Crème fraîche mit Schnittlauch anrichten.

19. TAG □ ABEND

Gefüllte Kartoffeln

FÜR 1 PERSON
*3 mehligkochende Kartoffeln
1/2 Zwiebel
1/2 Apfel
2 EL Crème fraîche
1 TL Öl
frische Kräuter*

1. Backofen auf 200 °C vorheizen.
2. Kartoffeln in der Pelle abbürsten, in Alufolie wickeln und etwa 70 Minuten backen.
3. Zwiebel und Apfel fein hacken, mit der Crème fraîche und dem Öl vermischen.
4. Gegarte Kartoffeln etwas einschneiden und mit der Masse füllen. Mit kleingehackten Kräutern der Saison bestreuen.

20. TAG □ MITTAG

Pellkartoffeln auf Szegediner Kraut

FÜR 1 PERSON
*2 bis 3 (etwa 250 g) mehligkochende
Kartoffeln
Kümmel
1 Zwiebel
1/2 Apfel
1/2 grüne Paprikaschote
125 g Sauerkraut
Streuwürze
Pfeffer
2 TL Edelsüßpaprika*

1. Kartoffeln waschen und in der Schale mit etwas Kümmel garkochen.
2. Zwiebel und Apfel würfeln, Paprikaschote in feine Streifen schneiden. Alles mit dem Sauerkraut, zwei Messerspitzen Kümmel in einem Topf mit 1 Tasse Wasser bedecken. Streuwürze, Pfeffer und Paprikapulver dazugeben und bei geringer Hitzezufuhr etwa 30 Minuten zugedeckt dünsten.
3. Die Kartoffeln heiß pellen und auf dem Kraut anrichten.

20. TAG □ ABEND

Kartoffel-Pfanne

FÜR 1 PERSON
5 festkochende Salatkartoffeln
1 Zwiebel
1 Knoblauchzehe
1 Ei
1/2 Glas Milch
1 EL Butter
Majoran
Pfeffer

1. Kartoffeln schälen, waschen und in hauchdünne Scheiben schneiden.
2. Zwiebel enthäuten, fein hacken. Knoblauchzehe zerquetschen. Alles zusammen mit den Kartoffelscheiben, dem Ei und der Milch in einer Schüssel vermischen und würzen.
3. Die Butter in einer Pfanne heiß werden lassen, die Kartoffel-Masse hineingießen und auf jeder Seite 10–15 Minuten goldbraun braten.

21. TAG □ MITTAG

Kalte Kartoffelsuppe

FÜR 1 PERSON
1 große Kartoffel
2 Stangen Porree
1 Zwiebel
1/4 l Gemüse- oder Fleischbrühe
1/8 l Milch
Pfeffer
Muskat
Dill

1. Kartoffel schälen, waschen und würfeln. Das Weiße des Porrees und die Zwiebel in feine Streifen schneiden.
2. Brühe in einem Schmortopf erhitzen. Kartoffel, Porree und Zwiebel dazugeben und etwa 30 Minuten ziehen lassen.
3. Pürieren, die Milch zugießen und die Suppe nochmals aufkochen lassen. Mit Pfeffer und Muskat würzen, vom Herd nehmen und abkühlen lassen.
4. Im Kühlschrank kaltstellen. Mit gehacktem Dill bestreuen.

21. TAG ☐ ABEND

Pellkartoffeln mit Spinat und Wurst

FÜR 1 PERSON
3 mittelgroße mehligkochende
Kartoffeln
1 Portion Blattspinat (Tiefkühlprodukt)
1 Zwiebel
2 TL Butter
Salz
Muskat, nach Geschmack
Knoblauch
50 g Fleischwurst

1. Kartoffeln in der Schale abbürsten, waschen und in leicht salzigem Wasser garen.
2. Spinat nach Anleitung auftauen.
3. Zwiebel fein hacken, in 1 TL zerlassener Butter mit dem Spinat und den Gewürzen zugedeckt 15 Minuten dünsten.
4. Restliche Butter erhitzen, Fleischwurst würfeln und anbraten.
5. Die geschälten Kartoffeln auf dem Spinat anrichten und mit den Wurstwürfeln umlegen.

22. TAG ☐ MITTAG

Kartoffel-Zucchini-Omelett
(Foto Seite 99)

FÜR 1 PERSON
250 g festkochende Kartoffeln,
am Vortag gekocht
200 g schmale Zucchini
¹/₂ Zwiebel
1 Knoblauchzehe
1 EL Öl
Salz
Pfeffer
1 Ei
getrockneter Majoran
1 EL Schnittlauchröllchen

1. Die am Vortag samt Schale gekochten Kartoffeln pellen und in Scheiben schneiden. Zucchini waschen, die Stengelansätze entfernen und in dünne Scheiben schneiden.
2. Zwiebel und Knoblauch enthäuten und fein hacken.
3. 1 EL Öl in einer mittelgroßen Pfanne erhitzen. Die Zwiebel hellbraun anrösten. Kartoffelscheiben dazugeben, wenig salzen und pfeffern und etwa 10 Minuten braten.
4. 1 EL Öl in einer zweiten, kleineren Pfanne erhitzen und die Zucchinischeiben mit dem Knoblauch ebenfalls 10 Minuten garen lassen. Obenauf auf die Kartoffeln in die größere Pfanne schichten.
5. Das Ei mit 2 EL Wasser verquirlen, Majoran und die Schnittlauchröllchen

Kartoffel-Zucchini-Omelett
(Rezept oben)

unterziehen und über die Kartoffel-Zucchini-Masse gießen. Bei mittlerer Hitze fest stocken lassen und am besten in der Pfanne auftragen.

22. TAG □ ABEND

Knoblauch-Gnocchi

FÜR 1 PERSON
300 g mehligkochende Kartoffeln
1 Ei
35 g Weizenmehl
Salz
Pfeffer
Muskat
2 Knoblauchzehen
1 EL Butter

1. Knapp die Hälfte der Kartoffeln kochen und pellen.
2. Die restlichen Kartoffeln roh schälen, waschen.
3. Alle Kartoffeln reiben und mit dem Ei, Mehl, Salz, Pfeffer und Muskat zu einem Teig verarbeiten.
4. In einem großen Topf etwa 1^1/$_2$ l Salzwasser zum Kochen bringen.
5. Aus dem Teig etwa eßlöffelgroße Mengen abstechen oder abschneiden. Zwischen den Händen daraus Gnocchi drehen – fingerförmige Teigwürstchen.
6. Im siedenden Salzwasser bei geringer Hitzezufuhr etwa 10 Minuten ziehen lassen, bis sie an die Oberfläche steigen.
7. Die Knoblauchzehen schälen, fein hacken, mit der Gabel zerquetschen oder durch eine Presse drücken.

8. In einer mittelgroßen Pfanne die Butter heiß werden lassen, Knoblauch kurz anrösten, die Gnocchi dazugeben und durchmischen. Auf vorgewärmtem Teller anrichten.

23. TAG □ MITTAG

Kartoffelhörnchen

FÜR 1 PERSON
3 mehligkochende Kartoffeln,
am Vortag gekocht
1 Ei
Muskat
50 g geriebener Hartkäse
frische Kräuter
3 EL Mehl
100 g Magerquark

1. Die 3 Kartoffeln schon einen Tag vorher in der Schale kochen, pellen und mit einer Gabel zerdrücken.
2. Am nächsten Tag den Backofen auf 180 °C vorheizen.
3. Die Kartoffelmasse mit dem Ei, etwas Muskat, dem geriebenen Käse, den kleingehackten Kräutern und unter Beigabe von Mehl (nach Bedarf) zu einem Teig kneten.
4. Den Teig auf einer mit Mehl bestäubten Arbeitsfläche etwa ^{1}/$_2$ Zentimeter dick ausrollen. Handtellergroße Dreiecke schneiden. Je 2 TL Quark auf jedes Dreieck häufen und von einer Längsseite her zu einem Hörnchen rollen.
5. Die Kartoffelhörnchen auf mittlerer Schiene im Backofen etwa 25 Minuten knusprig backen.

23. TAG ☐ ABEND

Knödel in Tomatensauce mit Selleriesalat

FÜR 1 PERSON
3 Fertig-Kartoffelknödel
(im Kochbeutel)
Salz
1 Tasse kleine Tomaten
(z. B. aus der Dose)
1/2 Zwiebel
Oregano
Basilikum
Petersilie
Salat:
1/2 Staude Bleichsellerie
etwas Zitronensaft
1/2 TL Zucker
Pfeffer
nach Geschmack Würze
(1 Spritzer oder 1/2 TL)

1. Die Kartoffelknödel im Kochbeutel nach Anleitung in siedendem Salzwasser etwa 20 Minuten garen.
2. Die Tomaten kurz blanchieren, Stielansätze entfernen, schälen (oder geschält aus der Dose nehmen), vierteln und mit der fein gehackten Zwiebel, dem Oregano und dem Basilikum 5 Minuten bei schwacher Hitze dünsten. Zuletzt die gehackte Petersilie unterziehen.
3. Für den Salat den Bleichsellerie säubern und roh (oder nach Geschmack gegart) in feine Streifen schneiden. Mit Zitronensaft, Zucker, Pfeffer und der Würze abschmecken.
4. Knödel mit der Tomaten-Sauce umgießen.

24. TAG ☐ MITTAG

Roquefort-Kartoffeln

FÜR 1 PERSON
2 große mehligkochende Kartoffeln
1 EL Roquefortkäse
1 EL Crème fraîche
Pfeffer
1/2 Knoblauchzehe
1 EL Butter
1 EL Semmelbrösel

1. Backofen auf 175 °C vorheizen. Die Kartoffeln waschen und in der Schale etwa 60 Minuten gar backen.
2. Von der Spitze jeder Knolle eine fingerdicke Scheibe entfernen und die Knollen vorsichtig aushöhlen.
3. Das Kartoffelfleisch mit dem Roquefort und der Crème fraîche zu einer schaumigen Masse verrühren. Etwas pfeffern. Die Kartoffel-Käse-Masse in die ausgehöhlten Knollen füllen und zusätzlich als Hütchen draufpacken.
4. Knoblauch zerquetschen und mit der (nicht zu kalten) Butter und den Bröseln vermischen. Über die Kartoffeln streuen und weitere 25 Minuten bei 175° C in den Backofen setzen.

24. TAG ☐ ABEND

Kartoffelcremesuppe mit Porree
(Foto Seite 103)

FÜR 1 PERSON
200 g mehligkochende Kartoffeln
Salz
1/2 Stange Porree
1/2 EL Butter
1 kleine Tasse Milch
1 EL Sahne
50 g Tofu
1 TL Paprikapulver
Pfeffer

1. Kartoffeln schälen, waschen und fingerdick würfeln. In reichlich Salzwasser zugedeckt etwa 20 Minuten garen.
2. Porree putzen, waschen und in ganz dünne Ringe schneiden. In einer kleinen Pfanne die Butter erhitzen und die Porreeringe bei mäßiger Hitze weich dünsten.
3. Kartoffeln herausnehmen. Mit der Milch, der Sahne und 1 EL Tofu zu einer cremigen Suppe pürieren.
4. Den Tofu-Rest in kleine Würfel schneiden und in Paprikapulver wälzen.
5. Die Suppe würzen, erneut erhitzen. Die Porreeringe dazugeben. Mit den Tofu-Würfeln garnieren.

25. TAG ☐ MITTAG

Diät-Honig-Kartoffeln

FÜR 1 PERSON
5 kleine festkochende Kartoffeln
1/2 Tasse Gemüse- oder Fleischbrühe
(z.B. von Extrakt)
2 EL Honig

1. Die Kartoffeln kochen, etwas auskühlen lassen und schälen. Je nach Größe halbieren.
2. Brühe aufkochen. Bei geringer Hitzezufuhr den Honig einrühren und unter häufigem Umrühren köcheln lassen, bis eine Art Sirup entsteht.
3. Die Kartoffeln darin noch einmal heiß werden lassen, mehrmals wenden und in einem tiefen Teller anrichten.

25. TAG ☐ ABEND

Gemüse-Labskaus mit Spiegelei

FÜR 1 PERSON
1 große festkochende Kartoffel
2 Möhren
1/4 Sellerieknolle
2 kleine Zwiebeln
1 Tasse Gemüse- oder Fleischbrühe
Pfeffer
Muskat
1 TL Butter
1 Ei
kleine Salzgurke

Kartoffelcremesupe mit Porree
(Rezept links)

1. Kartoffel schälen und waschen, Möhren und Sellerieknolle putzen, Zwiebel enthäuten. Alles in 2 Zentimeter große Würfel schneiden.
2. Brühe in einem Topf erhitzen. Gemüsewürfel hineingeben und bei geringer Hitzezufuhr etwa 30 Minuten zugedeckt garen lassen.
3. Gemüse abgießen, mit Pfeffer und Muskat pikant würzen.
4. In der Butter ein Spiegelei braten.
5. Gemüse-Labskaus auf einem flachen Teller anrichten, Spiegelei drauflegen und mit Salzgurkenscheiben garnieren.

26. TAG □ MITTAG

Möhren-Kartoffel-Auflauf
(Foto Seite 105)

FÜR 1 PERSON
150 g festkochende Kartoffeln
150 g Möhren
1 Frühlingszwiebel
1 Landjäger
1 TL Öl
Pfeffer
Thymian, nach Geschmack
1/2 Knoblauchzehe
1 EL geriebener Hartkäse
2 EL Milch
1 Ei

1. Backofen auf 200° C vorheizen.
2. Die Kartoffeln und die Möhren schälen, waschen und grob raspeln. Die Frühlingszwiebeln häuten und in Ringe schneiden.
3. Landjäger enthäuten, in dünne Scheiben schneiden und im heißen Öl

knusprig braten. Die Wurststücke herausnehmen und mit dem Bratenfett eine kleine Auflaufform auspinseln.
4. Die Kartoffel-Möhrenmasse und die Wurststücke vermischen und würzen. In die Auflaufform füllen. Oberfläche glattstreichen.
5. Käse, Milch und das Ei verquirlen. Über die Auflaufmasse gießen. In mittlerer Backofenhöhe etwa 35 Minuten backen.

26. TAG □ ABEND

Kartoffelauflauf

FÜR 1 PERSON
300 g festkochende Kartoffeln
1 Ei
150 g Magerquark
1/2 EL geriebener Parmesan
1 EL frisch gehackte Kräuter,
z. B. Dill, Petersilie, Kerbel
Pfeffer
Salz
1 EL Butter für die Backform
nach Geschmack 1 EL Sesamkörner

1. Den Backofen auf 200 °C vorheizen.
2. Die Kartoffeln schälen, waschen und in dünne Scheiben hobeln. In kochendem Wasser kurz blanchieren, dann abtropfen lassen.
3. Eigelb und Eiweiß trennen. Den Magerquark mit Käse, den Kräutern und

Möhren-Kartoffel-Auflauf
(Rezept links)

dem Eigelb verrühren. Mit Pfeffer und wenig Salz abschmecken.

4. Das Eiweiß zu steifem Schnee schlagen und locker unter die Quarkmasse ziehen.

5. Eine gefettete kleine Backform abwechselnd mit Kartoffelscheiben und der Quarkmasse belegen (besser vier Schichten als zwei). Mit einer Schicht Quarkmasse abschließen. Wenn gewünscht, mit Sesamkörnern bestreuen.

6. Im Backofen auf der mittleren Schiene in etwa 20 Minuten braun backen.

27. TAG □ MITTAG

Kartoffelpüree mit Ananassauerkraut

FÜR 1 PERSON
200 g Sauerkraut
1 Zwiebel
1 Lorbeerblatt
etwa 1 Tasse Wasser
4 EL Milch
40 g Püreepulver
1 TL Butter
1–2 Scheiben Ananas
Pfeffer

1. Das Sauerkraut mit der gewürfelten Zwiebel, 1 Lorbeerblatt und 1 Tasse Wasser 30 Minuten zugedeckt dünsten.

2. Milch in eine Tasse geben, mit Wasser auffüllen, zum Sieden bringen und damit nach Anleitung das Instant-Püree bereiten. Auf dem heißen Püree 1 TL Butter zergehen lassen und unterziehen.

3. Ananas zerkleinern, unter das Sauerkraut mischen und mit wenig Pfeffer abschmecken.

27. TAG □ ABEND

Hähnchen-Kartoffeltopf mit Paprika
(Foto Seite 107)

FÜR 1 PERSON
200 g festkochende Kartoffeln
1/2 Gemüsezwiebel
1 Paprikaschote
1 Knoblauchzehe
1 EL Öl
1 Hähnchenkeule
1/2 Tasse Maiskörner (Dose)
1 EL edelsüßes Paprikapulver
Pfeffer
2 kleine Tomaten
1/8 l Gemüse- oder Hühnerbrühe
frische Petersilie

1. Kartoffeln schälen und waschen, die Gemüsezwiebel enthäuten, Paprikaschote waschen, halbieren, Kerne, Innenwände und Stengelansätze entfernen. Alles in etwa 1 Zentimeter große Würfel schneiden. Die Knoblauchzehe schälen und fein hacken.

2. In einem mittelgroßen Schmortopf das Öl erhitzen. Die Hähnchenkeule von allen Seiten kräftig anbraten und wieder herausnehmen.

3. Zwiebeln, Paprika und Knoblauch im Schmortopf etwas andünsten, im

Hähnchen-Kartoffeltopf mit Paprika
(Rezept oben)

Fett lassen und die Kartoffeln sowie die Maiskörner dazugeben und kurz mitbraten.

4. Mit Paprika und Pfeffer würzen, die in Stücke zerkleinerten Tomaten untermischen und alles mit der Brühe aufgießen. Die Hähnchenkeule auf den Gemüsetopf legen und alle Zutaten gemeinsam im zugedeckten Topf bei geringer Hitzezufuhr etwa 30 Minuten schmoren lassen. Mit Petersilie garniert servieren.

28. TAG □ MITTAG

Kartoffel-Schnittlauchsuppe

FÜR 1 PERSON
200 g mehligkochende Kartoffeln
1 große Tasse Geflügel-,
Fleisch- oder Gemüsebrühe
Suppengrün
1 TL Butter
2 EL Brösel
1 EL süße Sahne
Salz
Pfeffer
2 EL Schnittlauch

1. Kartoffeln pellen, waschen und fingerbreit würfeln. Brühe in einem Topf zum Sieden bringen. Kartoffeln und das Suppengrün hineinlegen und bei mäßiger Hitze zugedeckt etwa 15 Minuten garen.
2. In der Butter die Brösel anrösten.
3. Kartoffeln mit der Suppe in einen Rührbecher füllen und mit dem Mixer pürieren. Sahne unterziehen, leicht salzen und pfeffern.

4. In den Kochtopf zurückgießen. Die Brösel und den Schnittlauch untermengen. Noch einmal kurz aufkochen lassen.

28. TAG □ ABEND

Püree mit Speck

FÜR 1 PERSON
250 g mehligkochende Kartoffeln
Salz
50 g Endiviensalat
1 Scheibe durchwachsener
Räucherspeck
5 EL heiße Milch
25 g geriebener Hartkäse
(z. B. Emmentaler)
Pfeffer

1. Die Kartoffeln schälen, waschen und vierteln. In wenig Salzwasser gar kochen.
2. Den Endiviensalat putzen und in feine Streifen schneiden.
3. Den Speck klein würfeln und in einer Pfanne knusprig werden lassen. In ein Sieb geben und das Fett abtropfen lassen.
4. Die gekochten Kartoffeln durch eine Kartoffelpresse drücken oder mit einer Gabel zerquetschen. Mit der heißen Milch zu einem sämigen Brei verrühren. Die Salatstreifen und den Käse daruntermischen, pfeffern.
5. Das heiße Püree mit den Speckwürfeln obenauf anrichten.

29. TAG ☐ MITTAG

Bratkartoffeln mit Forellenfilet

FÜR 1 PERSON
250 g festkochende Kartoffeln
2 Frühlingszwiebeln
2 EL Butter
Kümmel
Pfeffer
1 geräuchertes Forellenfilet

1. Die Kartoffeln schälen und waschen. In hauchdünne Scheiben schneiden oder hobeln. Mit Küchenpapier trockentupfen.
2. Die Frühlingszwiebeln säubern, schälen und mit der Hälfte des Grüns in Ringe schneiden.
3. In einer Pfanne die Butter erhitzen und die Kartoffelscheiben von beiden Seiten anbraten.
4. Die Zwiebeln daruntermischen, mit Kümmel und Pfeffer würzen und zugedeckt etwa 15 Minuten zu Ende garen.
5. Die Kartoffeln zwischendurch mehrmals wenden und bei starker Hitze beidseitig goldbraun werden lassen. In der letzten Minute das Forellenfilet auf die Kartoffeln legen und mit zwei Gabeln zerkleinern.

29. TAG ☐ ABEND

Italienischer Kartoffelsalat

FÜR 1 PERSON
150 g festkochende Kartoffeln
1 rote Paprikaschote
1 kleine Knoblauchzehe
1 kleine Zwiebel
2 EL Olivenöl
Salz
je 1 Schnapsglas Weißwein und Wasser
1 TL Weißweinessig
1 Spritzer Zitrone
Pfeffer
frische Basilikumblätter

1. Die Kartoffeln schälen, waschen und in daumenstarke Würfel schneiden. Den Paprika säubern und klein würfeln. Die Knoblauchzehe schälen und zerkleinern.
2. In einem Topf Zwiebeln und Knoblauch im heißen Öl dünsten. Die Kartoffel- und Paprikawürfel dazugeben, fleißig umrühren, salzen und alles kräftig anbraten. Mit Wein und Wasser aufgießen und im zugedeckten Topf bei geringer Hitzezufuhr etwa 45 Minuten garen.
3. Alles in eine Schüssel leeren und mit dem Essig, dem Zitronensaft und etwas Pfeffer würzen. Basilikum in feine Streifen schneiden, unter den Salat mischen. Eine halbe Stunde ziehen lassen.

30. TAG ☐ MITTAG

Spanische Tortilla

FÜR 1 PERSON
5 mittelgroße festkochende
Kartoffeln
¹/₂ Zucchini
¹/₂ kleine Zwiebel
2 EL Olivenöl
Salz
Pfeffer
1 Ei
etwas Schnittlauch
1 kleine Tomate

1. Kartoffeln schälen, Zucchini putzen, waschen und in dünne Scheiben schneiden oder hobeln. Auch die Zwiebel schälen und hacken.
2. Alle diese Zutaten in eine Pfanne mit heißem Öl geben, flach verteilen, salzen und pfeffern und bei geringer Hitzezufuhr mehrmals wenden und etwa 15 Minuten garen.
3. Das ganze Ei mit einer Gabel kräftig verrühren und über die Kartoffeln gießen. Tomate in Scheiben schneiden und damit belegen.
4. Sobald die Eimasse unten fest wird, mit Hilfe einer Schaufel die Kartoffel-Tortilla vorsichtig aus der gekippten Pfanne auf einen großen Teller gleiten lassen. Einen zweiten Teller drauflegen, alles wenden und die Tortilla wieder in die Pfanne geben. Nochmal etwa 5 Minuten braten.
5. Schnittlauch waschen, klein hacken. Die Tortilla wie eine Pizza in Stücke schneiden und mit dem Schnittlauch verzieren.

30. TAG ☐ ABEND

Provençalischer Fischtopf
(Foto Seite 6)

Ein ganzer Monat Kartoffel-Küche. Herzlichen Glückwunsch! Sie haben sich eine Belohnung verdient. Lassen Sie sich, bitte, den Fischtopf gut schmecken. Und ohne Reue. Auch dieser Schlemmergang hat nicht viel mehr als rund 500 Kalorien.

FÜR 1 PERSON
200 g mehligkochende Kartoffeln
¹/₂ Zwiebel
1 Knoblauchzehe
1 grüne Paprika
1 Tomate
ca. 6 entkernte schwarze Oliven
150 g Filet vom Kabeljau,
Rotbarsch oder Dorsch
Salz
Pfeffer
etwas Zitronensaft
2 EL Olivenöl
1 TL Kräuter der Provence
1 EL gehackte Petersilie
6 EL Fischbrühe (z. B. Wasser mit
1 TL Fond aus dem Glas)
eine Messerspitze Safran
eine Messerspitze Paprikapulver

1. Die Kartoffeln waschen, schälen und in sehr dünne Scheiben schneiden. Auch die Zwiebel schälen und in dünne Scheiben schneiden. Die Knoblauchzehe schälen und fein hacken. Die Paprikaschote waschen, halbieren, Kerne entfernen, die Paprika in viele Streifen schneiden. Die Tomate blanchieren,

häuten und in Scheiben schneiden. Die Oliven halbieren.

2. Das Fischfilet waschen, trockentupfen und in 2 cm breite Streifen schneiden. Mit Salz und Pfeffer würzen und mit Zitronensaft beträufeln. Den Backofen auf 200 °C vorheizen.

3. Eine kleine, feuerfeste Auflaufform mit der halben Menge Öl ausstreichen und abwechselnd mit Kartoffeln, Paprika, Tomaten, Zwiebelringen, Oliven und den Fischstreifen belegen. Zwischendurch mit Salz, Pfeffer, den Kräutern der Provence und der gehackten Petersilie bestreuen. Die oberste Schicht sollte aus hübsch angeordneten Kartoffelscheiben bestehen.

4. Die Masse mit der Fischbrühe begießen. Safran und Paprika mit dem restlichen Öl verrühren und die Oberfläche mit einem Pinsel gleichmäßig bestreichen.

5. Die Auflaufform mit Alufolie verschließen und den Fischtopf etwa 20 Minuten auf einer mittleren Schiene garen. Dann die Folie abnehmen und ohne Abdeckung noch 20 Minuten lang fertig brutzeln lassen.

Wirklich verblüffend: Abnehmen mit Pommes frites

Mögen Sie Pommes? Dann kann ich Ihnen nur gratulieren. Sie finden sich in allerbester Gesellschaft. Zu den Liebhabern dieser köstlichen Kartoffelstreifen zählen gekrönte Häupter ebenso wie Berühmtheiten allerersten Ranges. Und mit einem kleinen Trick dürfen Sie neuerdings Ihre Pommes nach Lust und Laune genießen - und müssen sie nicht einmal zählen. Ihnen werden so ohne Reue sämtliche Wohltaten der Kartoffel zuteil. Und das beste: Sie können sogar abnehmen dabei. Ich habe diese Idee deshalb zur Pommes-Diät erklärt. Wenn Sie also Pommes lieben, kann ich Ihnen diesen verblüffenden Weg zu Ihrem Idealgewicht nur empfehlen. Ernährungswissenschaftler haben dies in den letzten Jahren bestätigt.

Warum hat jeder von uns Pommes-Streifen schon mit recht zwiespältigen Gefühlen in den Mund gesteckt – mit einem verständlichen Heißhunger, weil sie wirklich sehr gut schmecken können; gleichzeitig mit einer gewissen Enttäuschung über sich selbst. Das bestimmt nicht, weil sie aus Kartoffeln sind. Nein, das Bedenkliche an den gewohnten Fritten ist das Fett, mit dem sie sich vollsaugen, als könnten sie jeden Augenblick platzen. Ein einziger Teelöffel Öl hat 27 Kalorien. Und schon eine kleine Portion Pommes enthält in den meisten Fällen wenigstens zehn Teelöffel davon. Sie verwandeln

diese wunderbaren, wertvollen und wirkungsstarken Kartoffelstreifen in Kalorienbomben. Wenn wenigstens in diesem Frittierfett Brennstoffe aus hochwertigen Substanzen, mit wichtigen Spurenelementen oder notwendigen Vitaminen für unseren Körper enthalten wären! Leider ist das Gegenteil der Fall: Leere Kalorien, deren Kraft nicht lange anhält und die keinen Hunger lange vertreiben.

Zum Glück hat sich in den letzten Jahren eine wirklich pfiffige Idee durchgesetzt. Pommes ganz oder fast ohne Fett! Wir sieden die Kartoffeln nicht in heißem Fett. Wir backen sie nur noch in heißer Luft. Im Backofen. Bei höchster Hitze. Dazu schieben wir den Rost mit einem ausreichenden Stück Alufolie oder das Backblech in die mittlere Höhe und plazieren möglichst locker die Kartoffelstreifen darauf.

Wir ersparen dem Körper überflüssiges Fett. Wir gewinnen einen ganz neuen Genuß: Pommes ganz ohne Reue.

Im Idealfall basteln Sie sich diese Streifen zur Gänze selbst. Indem Sie rohe Kartoffeln schälen, waschen und (wenn Sie wollen sogar mit Pelle) in höchstens nicht ganz zentimeterdicke Scheiben schneiden. Kurz vor dem Backen stifteln Sie sie dann zu Streifen. Je dünner die Scheiben, desto schlanker die Stifte. Sogar die witzigen Strohkartoffeln können Sie sich und Ihren Lieben daheim servieren.

Pommes gelingen mit jeder Kartoffelsorte. Aber besonders köstlich werden sie aus mehligfestkochenden Knollen: Außen fest und innen locker.

Sie können aber unbedenklich sogar

tiefgekühlte Fertig-Pommes aus dem Lebensmittelhandel fettlos in Ihrem Backofen backen. Sie müssen sie nur clever auswählen. Die Nahrungsmittelindustrie hat sich sehr schnell und immer besser auf den gesunden Pommes-Trend eingestellt. In den Tiefkühltruhen gibt es inzwischen Produkte, die bloß für Sekunden in heißem Fett vorfritiert wurden. Heiß genug, daß sich die Poren der Knollen schließen. Schnell genug, damit fast kein Fett in die Streifen eindringen kann. Verwendet werden speziell dafür gezüchtete Mehligfeste mit besonders ausgeprägten Verarbeitungseigenschaften. Das Ergebnis: 100 Gramm der qualitativ besten Fertig-Tiefkühl-Pommes haben bloß noch ganz wenige Gramm Fett drauf. Studieren Sie aufmerksam die Produktbeschreibungen. Es gibt Edel-Frites. Lange. Krosse. Mit Wellenschnitt. Die Feinschmecker-Versionen besitzen nur rund doppelt so viele Kalorien wie unbehandelte Kartoffeln oder eben Pommes nach Hausfrauenart aus der eigenen Küche.

Diese fettarmen Pommes verdienen es nicht, mit ihren Massenkollegen in einen (Frittier-)Topf geworfen und ebenfalls als Dickmacher verschrien zu werden. Und Ihre eigenen, aus rohen Kartoffeln völlig fettlos selbst hergestellten Pommes sind ausgesprochene Schlankmacher allererster Güte, wie Sie gleich lesen werden. Beide Varianten liefern der Kartoffel-Diät eine wirklich sehr abwechslungsreiche Variante.

Also: Sie heizen den Backofen an, volle Pulle. Sie deponieren die Kartoffelstreifen aus eigener Herstellung direkt auf dem Backblech. Oder Sie öffnen die Packung und schütten die Pommes noch gefroren aufs Blech oder wegen des bißchen Fetts auf eine Folie. Sollten sie aneinanderklumpen und sich nicht gleichmäßig verteilen lassen, so warten Sie etwa 5 Minuten, bis die Hitze des Backofens sie aufgetaut hat. Mögen Sie sie lieber weich und saftig? Dann genügt es, wenn die Pommes in der Hitze goldgelb werden. Oder ziehen Sie eine knusprige Außenhülle, aber mehligen Geschmack vor? Dann bleiben die Pommes besser in der Hitze, bis sie kräftig braun sind. So oder so – es entsteht eine Köstlichkeit, auf die Sie sich freuen können.

Speziell bei den Fertig-Pommes empfehle ich Ihnen, auf Kochsalz ganz zu verzichten. Ihr Körper ist schon ausreichend damit beschäftigt, das Fett aus den Streifen am besten wieder loszuwerden. Salz könnte diese Ausscheidung erschweren, weil es Flüssigkeit in den Zellen bindet. Gehen Sie lieber umso verschwenderischer mit frischen Kräutern und Gewürzen nach Lust und Laune um. Außerdem kriegen die Tiefkühl-Pommes durch das Vorfritieren ohnedies schon einen recht würzigen Geschmack mit.

Mag sein, daß Sie anfangs das typische Pommes frites-Gefühl auf Ihrem Gaumen ein wenig vermissen werden. Ihre Streifchen schmecken in der Tat ganz anders. Nach Kartoffeln. Zusätzlich kriegen Sie geballt die segensreiche entschlackende Wirkung der Knolle auf Ihren Körper. Was Sie vor sich haben, ist ein komplettes Naturprodukt. Wahrscheinlich, und das mag Sie überraschen, haben Sie die Kartoffel noch nie in so vollwertiger Form gegessen. Dafür gibt es eine Erklärung. Viele Wirkstoffe der Kartoffel sind im Wasser löslich. Die Knolle besitzt zwar eine wasserdichte Pelle. Aber während des Kochens werden doch wichtige Salze, Säuren, Basen und Spurenelemente ausgeschwemmt und dann weggeschüttet. Sie gehen verloren – besonders, wenn die Kartoffel ohne schützende Schale gekocht wird, was Sie möglichst vermeiden sollten. Am meisten schade ist es um das seltene Kalium. Es treibt verbrauchte Flüssigkeit aus den Poren und schafft Platz für den überaus wertvollen Saft der Kartoffel.

In der heißen Backluft geht kein Spurenelement verloren, wird kein anderer für die gesunde Ernährung und das verträgliche Abnehmen bedeutender Wirkstoff ausgewaschen. Wenn Sie darüber hinaus Ihre Pommes selbst herstellen, die Kartoffeln vor dem Backen nur noch ganz rasch waschen und abbürsten, ohne sie lange zu wässern, dann bringen Sie später wahrlich Kartoffelstäbchen auf den Tisch, die von Gesund- und Schlankmachern nur so strotzen. Mit ihnen kommt schlagartig eine Wasserausscheidung in Gang. Sie entgiften und entschlacken den Körper. Wie alle anderen Kartoffelgerichte in dieser Diät lassen diese Pommes frites Sie vielleicht tiefer und besser schlafen. Ihr Wohlbefinden kann nur besser werden. Denn wo Fett und Salz fehlen, liegt auf Ihrem Teller die reinste Kartoffelkost.

Haben Sie aber keine Scheu vor den modernen Tiefkühl-Pommes. Sie sind ja nur ganz kurz in siedendes Fett getaucht, weil sie sich mit geschlossenen Poren energiesparend frosten und in der Küche schneller garen lassen. Für gewöhnlich wiegt eine mittlere Portion um die 150 Gramm. Sie hat kaum mehr Kalorien als eine große Banane. Das heißt: Auch davon können Sie wahrlich essen, bis Sie satt sind.

Was dürfen Sie von der Pommes frites-Diät erwarten?

Zunächst das Gleiche wie vom Abnehmen bei Kartoffelklößen oder Püree, Bratkartoffeln oder Kartoffelsuppe, Pellkartoffeln oder Puffer: Entschlackung des Körpers, Entwässerung des Gewebes, Reduzierung der Fett- und Muskelsubstanz um 100 bis 200 Gramm am Tag.

Gerade heute, wo Luft, Wasser und Nahrung mit Schadstoffen stark belastet sind, wird der Abbau der Gifte immer wichtiger, immer schwieriger. Nicht so, wenn das Kalium der Kartoffel wirken kann. Durch die Wasserausscheidung verlassen die gefährlichen Substanzen den Körper rasch auf natürlichem Wege.

Nun müssen Sie nicht befürchten, daß durch Entwässerung das Zellgewebe vielleicht austrocknet oder Ihre Gesichtshaut etwa spröde wird. Auch noch die Back-Pommes enthalten zum Großteil die urtümliche Feuchtigkeit der Knolle. Dieser Saft dringt unmittelbar in jene Poren ein, aus denen das Kalium die mit Schadstoffen angereicherte Körperflüssigkeit kontinuierlich herauspreßt. Es ist diese Entgiftung des Körpers und gleichzeitige Versorgung mit aktiven Wirkstoffen, die für das erstaunliche Wohlbefinden nach der Kartoffel-Diät verantwortlich ist.

Und das alles ist Ihnen ohne Kalorienzählen sicher. Auch diese Diät erlaubt Ihnen Frühstück, zwei Zwischengerichte (Infos ab Seite 28) und zweimal täglich Pommes satt. Alles in allem ergibt das kaum mehr als 1000 Kalorien. Wieviel Sie davon auch essen mögen – für einen an zu üppiges Essen gewohnten Magen bleibt es eine Abmagerungskur. Laden Sie sich also reichlich den Teller voll und essen Sie nach Herzenslust.

Sie finden hier 24 Rezepte für zwölf Tage. Aber auch in diesem Fall gilt: Wie lange Sie sich die Pommes verordnen, welche Zusammenstellung Sie wählen, welche Rezepte Sie weglassen und welche Gerichte Sie mehrfach kochen – das alles bestimmen einzig und allein Sie. In vielen Rezepten steht das Wort Salz: Es soll ja schmecken. Aber ich wiederhole die Empfehlung, wenigstens bei Fertig-Pommes wegen des Fettgehalts das Salzen zu unterlassen.

Noch ein Tip: In den Backofen-Pommes frites ist alles enthalten, was die Kartoffel ausmacht. Nur nicht mehr ihr kompletter Flüssigkeitsgehalt. Der wird in der Hitze etwas schwinden. Bemühen Sie sich deshalb, täglich zwei bis drei Liter Flüssigkeit zu sich zu nehmen – Kaffee oder Tee, Mineralwasser, Suppen, Säfte. Aber auch saftiges Obst und Gemüse wie Gurke und Kürbis, Apfel und Birne.

Auf den folgenden Seiten finden Sie eine 12-Tage-Pommes-Diät. Das bedeutet jedoch nicht, daß Sie nun unbedingt zweimal täglich Appetit auf die goldgelben Stäbchen haben müssen. Stellen Sie sich ruhig mit den anderen mehr als 100 Kartoffel-Gerichten Ihre eigene Lust-und-Laune-Diät zusammen.

Und da die Geschmäcker verschieden sind, probieren Sie es bitte aus: Backofen-Temperatur 200 bis 250 °C, Backzeit 15 bis 25 Minuten.

1. TAG ☐ MITTAG

Pommes frites mit Fenchel-Radieschen-Salat

FÜR 1 PERSON
150 g Tiefkühl-Pommes frites
100 g Fenchelknolle
50 g Radieschen
etwas Zitronensaft
1 TL Zucker, Salz
1 TL gehacktes Fenchelgrün

1. Backofen auf 225 (bei Umluft: 200) °C vorheizen. Tiefkühl-Pommes frites auf einem Backblech etwa 20 Minuten backen.
2. Fenchel säubern und grob raspeln. Radieschen in dünne Scheiben schneiden.
3. Marinade aus Zitronensaft, Zucker, Salz und gehacktem Fenchelgrün herstellen und über den Salat gießen.

1. TAG ☐ ABEND

Pommes frites mit Apfelkompott

FÜR 1 PERSON
150 g Tiefkühl-Pommes frites
300 g säuerliche Äpfel
1 Zimtstange
etwas Zitronensaft
1 EL Zucker

1. Backofen auf 225 (bei Umluft: 200)°C vorheizen. Pommes frites auf einem Blech 20 Minuten backen.
2. Äpfel schälen, vierteln, Kerngehäuse entfernen. Äpfel in kleine Stücke schneiden. In einem Topf mit 3 EL Wasser und der Zimtstange aufkochen lassen und weichdünsten.
3. Zimtstange entfernen. Das Kompott mit Zitronensaft und Zucker abschmecken.

2. TAG ☐ MITTAG

Pommes mit gefüllten Tomaten
(Foto Seite 117)

FÜR 1 PERSON
3 große Tomaten
75 g Champignons
1 Zwiebel
4 EL magerer Joghurt
Salz
Pfeffer
Basilikum
150 g Tiefkühl-Pommes frites

1. Backofen auf 225 (bei Umluft: 200)°C vorheizen.

2. Von den Tomaten oben eine 1/2 cm dicke Scheibe abschneiden. Die Tomaten aushöhlen und, auf den Kopf gestellt, abtropfen lassen.
3. Geputzte Champignons und abgezogene Zwiebel fein würfeln, mit dem Joghurt vermischen. Mit wenig Salz, Pfeffer und Basilikum abschmecken.
4. Joghurt-Masse in die Tomaten füllen, Tomatendeckel drauflegen und auf ein Backblech setzen. Die nichtaufgetauten Pommes frites locker daneben streuen und gemeinsam im Backofen 20 bis 25 Minuten backen.

2. TAG ☐ ABEND

Pommes frites und Blattspinat

FÜR 1 PERSON
150 g Tiefkühl-Pommes frites
150 g Blattspinat
1/4 Zwiebel
10 g Butter
Salz
Pfeffer
Muskat

1. Backofen auf 225 (bei Umluft: 200)°C vorheizen. Pommes auf einem Backblech etwa 20 Minuten backen.
2. Spinat mit kochendem Wasser übergießen und abtropfen lassen.
3. Zwiebel sehr klein würfeln, in heißer Butter anrösten. Spinat dazugeben und etwa 5 Minuten dünsten. Mit Salz, Pfeffer und Muskat abschmecken.

Pommes mit gefüllten Tomaten
(Rezept links)

3. TAG □ MITTAG

Pommes frites mit Tomaten-Bohnengemüse

FÜR 1 PERSON
150 g Tiefkühl-Pommes frites
100 g Tomaten
150 g Schnittbohnen aus der Dose
Pfeffer
Majoran
Bohnenkraut
1/2 Zwiebel
10 g Butter

1. Backofen auf 225 (bei Umluft: 200) °C vorheizen. Tiefkühl-Pommes auf einem Blech 20 Minuten backen.
2. Tomaten in Stücke schneiden und mit den Bohnen in 5 EL Wasser dünsten. Mit Pfeffer, Majoran, dem Bohnenkraut sowie der kleingeschnittenen Zwiebel abschmecken.
3. Auf dem heißen Gemüse die Butter zergehen lassen.

3. TAG □ ABEND

Pommes frites mit Krabben

FÜR 1 PERSON
150 g Tiefkühl-Pommes frites
150 g Krabben
3 Frühlingszwiebeln
1/2 Salatgurke
1 Bund Dill
4 EL Essig
Salz
Pfeffer
1 EL Öl

1. Backofen auf 225 (bei Umluft: 200) °C vorheizen. Tiefkühl-Pommes frites auf einem Backblech etwa 20 Minuten backen.
2. Krabben (z. B. aus der Dose) abtropfen lassen. Zwiebeln waschen und putzen. Zwiebelröhrchen fein schneiden. Die Gurke schälen und der Länge nach halbieren. Die Kerne mit einem Löffel entfernen. Die Gurke in kleine Würfel schneiden. Den Dill waschen und fein schneiden.
3. In einer Schüssel den Essig mit Salz und Pfeffer verrühren. Das Öl zugeben. Krabben, Zwiebel, Gurke und Dill in die Marinade legen, alles vorsichtig vermischen und kurz ziehen lassen.

4. TAG □ MITTAG

Pommes mit Sülze

FÜR 1 PERSON
150 g Tiefkühl-Pommes frites
3 EL magerer Joghurt
etwas Zitronensaft
Salz
Pfeffer
1 EL gehackte Kresse
100 g magere Sülze aus Rindfleisch, Hähnchen- oder Putenfleisch

1. Backofen auf 225 (bei Umluft: 200) °C vorheizen. Tiefkühl-Pommes frites auf einem Backblech etwa 20 Minuten backen.
2. Joghurt mit Zitronensaft, wenig Salz und Pfeffer und der Kresse verrühren. Als Joghurt-Dip neben der Sülze servieren.

4. TAG ☐ ABEND

Pommes frites mit Kopfsalat

FÜR 1 PERSON
150 g Tiefkühl-Pommes frites
¹/₂ (oder kleiner, ganzer) Kopfsalat
2 EL magerer Joghurt
1 EL Tomatenmark
Pfeffer
1 EL gehackter Dill

1. Backofen auf 225 (bei Umluft: 200) °C vorheizen. Tiefkühl-Pommes frites etwa 20 Minuten backen.
2. Salat waschen und putzen, klein schneiden. Joghurt mit Tomatenmark verrühren. Mit Pfeffer und Dill würzen. Salat mit Dressing anrichten und zu den heißen Pommes servieren.

5. TAG ☐ MITTAG

Pommes frites mit Roquefortsauce

FÜR 1 PERSON
150 g Tiefkühl-Pommes frites
1 Becher magerer Joghurt
¹/₂ Glas trockener Weißwein
Salz
1 TL Worcester- oder Sojasauce
Pfeffer
50 g Roquefort
Schnittlauch

1. Backofen auf 225 (bei Umluft: 200) °C vorheizen. Tiefkühl-Pommes frites etwa 20 Minuten backen.
2. Joghurt mit dem Weißwein glatt-rühren. Mit Salz, der pikanten Sauce und etwas Pfeffer würzen.
3. Den Käse zerbröseln und unter die Joghurt-Sauce mischen. Etwa 15 Minuten im Kühlschrank ziehen lassen.
4. Zum Servieren mit Schnittlauch bestreuen.

5. TAG ☐ ABEND

Pommes frites mit Apfelrotkraut

FÜR 1 PERSON
150 g Tiefkühl-Pommes frites
10 g Zwiebel
1 EL Öl
150 g Rotkraut
¹/₂ Tasse Wasser
1 säuerlicher Apfel
1 TL Essig
Pfeffer
Zimt
gemahlene Nelken

1. Backofen auf 225 (bei Umluft: 200) °C vorheizen. Pommes frites etwa 20 Minuten backen.
2. Zwiebel in kleine Würfel schneiden und in einem Topf in heißem Öl anrösten.
3. Rotkraut hobeln, dazugeben und anschmoren. Wasser nach und nach zugießen. Apfel in kleine Scheiben schneiden, beifügen und alles 20 Minuten dünsten.
4. Mit Essig, Pfeffer, Zimt und Nelken abschmecken und weitere 10 Minuten garen.

6. TAG □ MITTAG

Honig-Pommes frites

FÜR 1 PERSON
2 große festkochende Kartoffeln
1 TL Öl
1/8 Tasse geriebener Parmesankäse
1/8 Tasse geriebener Schweizer Käse
1/2 Tasse Joghurt
2 EL Honig
1/4 Knoblauchzehe
Salz
Pfeffer
Muskat

1. Backofen auf 165 °C vorheizen. Kartoffeln schälen, waschen, in Pommes-Streifen schneiden. Öl in eine Auflaufform geben und die Hälfte der Kartoffelstreifen auf dem Boden auslegen.
2. Auf diese Schicht kommt die Hälfte des geriebenen Käses, dann wieder eine Schicht aus den restlichen Kartoffeln, und danach der Rest des Käses. Joghurt und Honig mischen und mit den Gewürzen abschmecken. Obenauf über den Käse verteilen.
3. Den Auflauf eine Stunde lang im Backofen lassen, bis sich eine goldbraune Kruste gebildet hat.

6. TAG □ ABEND

Pommes frites mit Hackfleisch

FÜR 1 PERSON
150 g Tiefkühl-Pommes frites
1 Zwiebel
2 TL Öl
100 g Rinderhack
1 EL Tomatenmark
etwas Fleischbrühe
Salz
Pfeffer
Paprika

1. Backofen auf 225 (bei Umluft: 200) °C vorheizen. Tiefkühl-Pommes frites etwa 20 Minuten backen.
2. Die Zwiebel hacken. In einer beschichteten Pfanne das Öl erhitzen und die Zwiebel darin glasig werden lassen. Das Rinderhack dazugeben. Solange braten, bis es rundherum braun und krümelig ist.
3. Tomatenmark unterrühren. Mit etwas Fleischbrühe aufgießen. Einmal aufkochen lassen.
4. Mit Salz, Pfeffer und Paprika kräftig abschmecken.

7. TAG □ MITTAG

Pommes frites
mit Tomatensauce und Gurke

FÜR 1 PERSON
150 g Tiefkühl-Pommes frites
Tomatensauce:
4 kleine Tomaten
10 g Butter
Pfeffer
Oregano
Thymian
1 TL gehackte Petersilie
Gurken-Marinade:
1 EL Essig
1 TL Zucker
Pfeffer
1/4 Knoblauchzehe
1 TL gehackter Dill
1 Gurke

1. Backofen auf 225 (bei Umluft: 200) °C vorheizen. Tiefkühl-Pommes frites etwa 20 Minuten backen.
2. Tomaten in kleine Würfel schneiden und in heißer Butter 10 Minuten dünsten. Falls nötig, ein wenig Wasser hinzufügen. Mit Pfeffer, Oregano, Thymian und Petersilie abschmecken.
3. Aus dem Essig, dem Zucker, etwas Pfeffer, der zerdrückten Knoblauchzehe und dem Dill eine Marinade bereiten.
4. Gurke waschen und mit der Schale in dünne Scheiben schneiden. Kurz vor dem Auftragen mit der Marinade mischen.

7. TAG □ ABEND

Pommes frites mit
Buttergemüse

FÜR 1 PERSON
150 g Tiefkühl-Pommes frites
3 Möhren
3 Frühlingszwiebeln
20 g Butter
Pfeffer
3 EL Wasser
2 EL magerer Joghurt
1 EL gehackte Petersilie

1. Backofen auf 225 (bei Umluft: 200) °C vorheizen. Tiefkühl-Pommes frites etwa 20 Minuten backen.
2. Möhren schälen und in Scheiben schneiden. Frühlingszwiebeln putzen, waschen und in Ringe schneiden.
3. Butter in einem Topf erhitzen. Gemüse andünsten. Wasser dazugeben und alles etwa 10 Minuten dünsten. Mit Pfeffer würzen.
4. Joghurt mit Petersilie verrühren und als Dip-Sauce neben den Pommes frites servieren.

8. TAG □ MITTAG

Pommes mit Gemüsespießen
(Foto Seite 122)

FÜR 1 PERSON
1 rote Paprikaschote
1 Zwiebel
100 g Champignons
1 EL Sojasauce
1 TL Pflanzenöl
Pfeffer
Paprikapulver
100 g Tiefkühl-Pommes frites
Currypulver
2 EL fettarmer Joghurt

1. Backofen auf 225 (bei Umluft: 200) °C vorheizen.
2. Geputzte Paprikaschote und abgezogene Zwiebel in daumengroße Stücke schneiden. Abwechselnd mit den geputzten Champignons auf zwei Grillspieße stecken.
3. Sojasauce, Öl, Pfeffer und Paprikapulver verrühren. Die Gemüsespieße damit bestreichen und 30 Minuten ziehen lassen.
4. Tiefkühl-Pommes unaufgetaut auf dem Backblech auslegen, Grillspieße dazugeben und etwa 20 Minuten backen.
5. Currypulver und Joghurt verrühren, als Appetit-Dip mit den Pommes und den Spießen auftragen.

Pommes mit Gemüsespießen
(Rezept oben)

8. TAG □ ABEND

Pommes frites mit Spinat

FÜR 1 PERSON
150 g Tiefkühl-Pommes frites
1 Zwiebel
1 TL Öl
200 g Tiefkühl-Spinat
Pfeffer
Muskat

1. Backofen auf 225 (bei Umluft: 200) °C vorheizen. Tiefkühl-Pommes frites etwa 20 Minuten backen.
2. Zwiebel klein schneiden, in einem Topf im erhitzten Öl andünsten. Tiefkühl-Spinat dazugeben und 15 Minuten bei geringer Wärmezufuhr dünsten lassen.
3. Mit Pfeffer und Muskat würzen.

9. TAG □ MITTAG

Pommes frites mit Rollmops

FÜR 1 PERSON
150 g Tiefkühl-Pommes frites
1 Zwiebel
1 Essiggurke
2 kleine Rollmöpse
3 EL Crème fraîche

1. Backofen auf 225 (bei Umluft: 200) °C vorheizen. Tiefkühl-Pommes frites etwa 20 Minuten backen.
2. Zwiebel in Ringe schneiden, Gurke der Länge nach vierteln und mit den Rollmöpsen und der Crème fraîche zu den Pommes frites servieren.

9. TAG □ ABEND

Pommes frites
mit Kohlrabigemüse

FÜR 1 PERSON
150 g Tiefkühl-Pommes frites
200 g geputzter Kohlrabi
4–6 EL Wasser
Pfeffer
Muskat
1 EL Sahne

1. Backofen auf 225 (bei Umluft: 200) °C vorheizen. Tiefkühl-Pommes frites etwa 20 Minuten backen.
2. Kohlrabi in kleine Würfel schneiden und in heißem Wasser garen. Mit Pfeffer, Muskat und Sahne abschmecken.

10. TAG □ MITTAG

Pommes frites mit Steinpilzen

FÜR 1 PERSON
150 g Tiefkühl-Pommes frites
1 Dose Steinpilze (ca. 120 g)
1 EL gehackte Zwiebel
10 g Butter
1 EL gehackte Petersilie

1. Backofen auf 225 (bei Umluft: 200) °C vorheizen. Tiefkühl-Pommes frites etwa 20 Minuten backen.
2. Steinpilze auf ein Sieb geben. Große Pilze kleinschneiden. Zwiebel in heißer Butter dünsten. Die Pilze dazugeben und etwa zwei Minuten unter mehrmaligem Wenden erhitzen. Petersilie darüberstreuen.

10. TAG □ ABEND

Pommes frites
mit Hähnchenbrustfilet

FÜR 1 PERSON
150 g Tiefkühl-Pommes frites
150 g Hähnchenbrustfilet (am Stück)
1 EL Öl
0,1 l Wasser
1 EL Tomatenmark
Pfeffer
Kräuter der Provence

1. Backofen auf 225 (bei Umluft: 200) °C vorheizen. Tiefkühl-Pommes frites etwa 20 Minuten backen.
2. Hähnchenbrust in einer Pfanne im heißen Öl von beiden Seiten schnell anbraten und bei geringer Wärmezufuhr gar werden lassen. Aus der Pfanne nehmen und warmstellen.
3. Fett-Fond mit einem Schuß Wasser ablöschen, das Tomatenmark hinzufügen, umrühren und kurz aufkochen lassen. Mit Pfeffer und den Kräutern pikant abschmecken.
4. Hähnchenbrust in Scheiben schneiden, mit der Soße und den Pommes frites servieren.

11. TAG ☐ MITTAG

Pommes mit Bauernsalat

FÜR 1 PERSON
150 g Tiefkühl-Pommes frites
1/2 Salatgurke
1 Paprikaschote
1 Zwiebel
1 Knoblauchzehe
1 TL Öl
1 TL Essig
1 EL Wasser
Pfeffer
Rosmarin

1. Backofen auf 225 (bei Umluft: 200) °C vorheizen. Tiefkühl-Pommes frites etwa 20 Minuten backen.
2. Salatgurke waschen und würfeln. Geputzte Paprikaschote in Streifen, abgezogene Zwiebel in Ringe schneiden.
3. Für das Dressing Knoblauchzehe durchpressen, mit Öl, Essig und Wasser verrühren, sowie mit Pfeffer und Rosmarin würzen. Gurke, Paprika und Zwiebel mit dem Dressing mischen und zu den heißen Pommes frites servieren.

11. TAG ☐ ABEND

Hamburger-Pommes frites

FÜR 1 PERSON
150 g Rinderhack
1 EL Magerquark
Senf
Pfeffer
Paprikapulver
1 Zwiebel
150 g Tiefkühl-Pommes frites

1. Backofen auf 225 (bei Umluft: 200) °C vorheizen.
2. Rinderhack mit Quark vermengen und nach Geschmack mit Senf, Pfeffer und Paprikapulver würzen. Drei kleine Hamburger formen.
3. Auf ein Backblech legen, Zwiebel in Ringe schneiden und darauflegen. Mit den unaufgetauten Pommes frites etwa 20 Minuten backen.

Je nach Geschmack den Hamburger mit einer Tomatenscheibe und einem Salatblatt garnieren und Tomatenketchup, Senf oder Barbecuesauce dazureichen.

12. TAG □ MITTAG

Pommes frites mit Champignonsauce

FÜR 1 PERSON
150 g Tiefkühl-Pommes frites
200 g frische Champignons
3 kleine Tomaten
¼ Zwiebel
Pfeffer
Oregano
1 TL gehackte Petersilie
1 EL süße Sahne

1. Backofen auf 225 (bei Umluft: 200) °C vorheizen. Tiefkühl-Pommes frites etwa 20 Minuten backen.
2. Gewaschene Champignons in Scheibchen, Tomaten in Würfel schneiden und etwa 15 Minuten im eigenen Saft dünsten.
3. Mit geriebener oder kleingehackter Zwiebel, Pfeffer, Oregano und Petersilie würzen. Am Schluß Sahne daruntermischen.

12. TAG □ ABEND

Pommes frites mit Fischfilet

FÜR 1 PERSON
150 g Tiefkühl-Pommes frites
150 g Fischfilet (Kabeljau, Scholle, Heilbutt)
4 EL magerer Joghurt
1 EL Öl
etwas Zitronensaft
1 EL gehackter Dill
Pfeffer

1. Backofen auf 225 (bei Umluft: 200) °C vorheizen.
2. Fischfilet unter Wasser spülen, abtrocknen. Zitronensaft mit Öl verrühren und den Fisch damit bestreichen. 30 Minuten ziehen lassen.
3. Den gewürzten Fisch auf ein Backblech legen, die Pommes frites locker danebenstreuen und gemeinsam etwa 20 Minuten backen.
4. Joghurt, Pfeffer und Dill verrühren und als Appetit-Dip zum Fisch servieren.

Ideal paßt dazu ein großer gemischter Salat mit Kräutern der Saison.

Das Diät-Geheimnis. Für Gäste und Feste

Findige Gourmet-Köche haben die Kartoffel salonfähig gemacht. Mit Kaviar und Lachs, Hummer und Trüffel, Sahne und Crème fraîche. Das erlaubt Ihnen einen kleinen Trick, mit dem Sie liebe Gäste mitten in Ihrer Diät außergewöhnlich verwöhnen können: Servieren Sie die Knolle ganz lukullisch. Alle werden schwelgen. Und Sie nehmen sogar noch ab dabei. Wenn Sie es nicht ausdrücklich betonen, wird niemand auf die Idee kommen, daß Sie gerade auf Diät sind.

Hier also: ein paar der allerfeinsten Kartoffelgerichte, in der diese liebenswerte, schlichte Knolle mit den erlesensten Delikatessen und Zutaten harmoniert.

Noch ein Tip: Warten Sie gar nicht erst, bis Gäste kommen. Gönnen Sie sich doch selbst ein kleines Schlemmerfest. Alle Rezepte, so erlesen sie sind, eignen sich durchaus für einen Diät-Gaumen. (Die Schlankmacher-Suppe auf Seite 47 hat ja ebenfalls Paul Bocuse-Qualität).

SCHLEMMEN ☐ 1

Getrüffelte Kartoffelpuffer mit Pfifferlingen

FÜR 1 PERSON
1 große mehligkochende Kartoffel
1 Eigelb
10 g Trüffel, in Scheiben geschnitten
75 g Pfifferlinge
1 EL und 1 TL Butter
Salz
Pfeffer

1. Kartoffel schälen, waschen und roh fein reiben.
2. Mit dem Eigelb, den Trüffelscheiben, Salz und Pfeffer vermengen. 1 EL Butter erhitzen und aus der Kartoffelmasse 3 Puffer braten.
4. Pfifferlinge waschen, abtupfen und in 1 TL Butter anschwitzen, salzen und pfeffern.

SCHLEMMEN ☐ 2

Krabben-Kartoffelsalat

FÜR 1 PERSON
250 g neue Kartoffeln
60 g Krabben, frisch
oder aus der Dose
1 Frühlingszwiebel
¼ Salatgurke
Marinade:
2 EL Weißweinessig
2 EL Öl
Salz
Pfeffer
frischer Dill

1. Kartoffeln behutsam säubern und in der Schale gar kochen. Abgießen, mit kaltem Wasser abschrecken.
2. Die Krabben trockentupfen, die Zwiebel säubern und die Röhrchen in feine Scheiben schneiden, Gurke schälen, der Länge nach halbieren, Kerne herausheben und klein würfeln.
3. Für die Marinade Essig mit Salz und Pfeffer verrühren und das Öl unter kräftigem Schlagen tropfenweise zugeben. Die noch warmen Kartoffeln pellen und vierteln oder grob würfeln.
4. Alle Zutaten – Krabben, Zwiebel, Gurkenstückchen, Dill und Kartoffeln – in der Marinade wälzen und eine Weile durchziehen lassen.

SCHLEMMEN □ 3

Schwedische Rahmkartoffeln

FÜR 1 PERSON
250 g mehligkochende Kartoffeln
20 g Butter
Salz
Pfeffer
Muskat
1/8 l süße Sahne
frische Petersilie

1. Kartoffeln kochen, schälen und in Scheiben schneiden.
2. In einer Pfanne die Butter schmelzen, Kartoffelscheiben hineinlegen, mit Salz, Pfeffer und Muskat würzen. Auf kleiner Flamme ziehen lassen, bis die mehligen Kartoffeln die Butter aufgesogen haben.
3. Mit der Sahne übergießen, Pfanne

zudecken und weiterhin etwa 15 Minuten bei schwacher Hitze dämpfen lassen.
4. Mit frisch gehackter Petersilie bestreuen.

SCHLEMMEN □ 4

Chowder
(Foto Seite 129)

FÜR 1 PERSON
150 g festkochende Kartoffeln
1/4 kleiner Blumenkohl
15 g Speckwürfel
1/2 Stange Porree
1 TL Fischfond oder Gemüsebrühe-Extrakt
150 g Seeteufel- oder Kabeljaufilet
Lorbeer
Kresse
Salz
Pfeffer
3 EL Crème fraîche
30 g gekochte Garnelen

1. Kartoffeln schälen und in große Würfel schneiden.
2. Blumenkohl putzen, waschen und grob raspeln. Den Fisch in dünne Streifen schneiden.
3. In einer mittelgroßen Pfanne die Speckwürfel ohne Fettzugabe kräftig erhitzen. Blumenkohl und fein zerkleinerte Porreestange dazugeben und kurz andünsten.
4. Auch Kartoffeln und den Fisch-

Chowder
(Rezept oben)

oder Gemüseextrakt in die Pfanne geben, mit etwas Lorbeer, Salz und Pfeffer würzen. Zugedeckt bei kleiner Hitze etwa 20 Minuten köcheln lassen.
5. Crème fraîche unterrühren und einmal aufkochen lassen. Jetzt erst den Fisch dazugeben und alles weitere 5 Minuten bei geringer Hitze dünsten lassen. Zuletzt die Garnelen miterhitzen.
6. Kresse fein hacken und über den Chowder verteilen.

SCHLEMMEN □ 5

Leber »Buckingham«

FÜR 1 PERSON
150 g Wirsing
¹/₂ Zwiebel
je 1 Messerspitze Kümmel,
Thymian, Pfeffer
¹/₂ Tasse Wasser
100 g mehligkochende Kartoffeln
1 EL Butter
Salz
1 TL Majoran
100 g Rinder- oder Kalbsleber
1 TL Mehl
1 TL Paprikapulver
1 TL Worcestersauce

1. Wirsing in Streifen schneiden, mit der fein gehackten Zwiebel, dem Kümmel Thymian und Pfeffer in der ¹/₂ Tasse Wasser etwa 30 Minuten dünsten.
2. Kartoffeln schälen und waschen, in ¹/₂ Zentimeter dicke Scheiben schneiden. Die halbe Butter in einer mittelgroßen Pfanne aufschäumen lassen, Kartoffelscheiben einlegen, mit Salz,

Pfeffer und dem Majoran würzen und langsam braun braten.
3. Restliche Butter in einer zweiten Pfanne erhitzen, Leberscheiben mit Mehl und Paprikapulver bestäuben und auf jeder Seite 2 Minuten braten. Mit der Worcestersauce beträufeln.

SCHLEMMEN □ 6

Neue Kartoffeln mit Lachs und Kaviar

FÜR 1 PERSON
150 g neue Kartoffeln
gleicher Größe
50 g Crème fraîche
¹/₂ Becher Joghurt
Zitronensaft
Salz
Pfeffer
50 g Graved Lachs, hauchdünn
geschnitten
50 g Lachskaviar (Keta Kaviar)

1. Die Kartoffeln behutsam abbürsten, waschen und je nach Größe 15 bis 25 Minuten in der Schale gar kochen.
2. Crème fraîche mit dem Joghurt verrühren, mit Zitronensaft, Salz und Pfeffer abschmecken. In einem Schälchen auftragen.
3. Den Lachs auf einer Platte anrichten. Den Kaviar auf zerstoßenen Eiswürfeln servieren. Die Kartoffeln in der Schale auf den Tisch bringen.

SCHLEMMEN ☐ 7

Hähnchenbrust »White House«

FÜR 1 PERSON
125 g Hähnchenbrust
Saft einer Zitrone
4 kleine Kartoffeln
1 TL Öl
Salz
Pfeffer
¹/₂ Dose grüner Spargel
2 EL Weißwein
Streuwürze
Salbei
frische Kresse

1. Hähnchenbrust von Haut und Knochen befreien. Mit dem halben Zitronensaft beträufeln.
2. Die Kartoffeln waschen, die Schale mit einem Messer abkratzen. 5 Minuten in wenig Wasser dämpfen. Öl in einer kleinen Pfanne erhitzen, die Kartoffeln 5 Minuten kräftig anbraten, salzen und pfeffern und weitere 5 Minuten garen lassen.
3. Spargel erwärmen.
4. Die Hähnchenbrust mit dem restlichen Zitronensaft und dem Weißwein in einer beschichteten Pfanne zugedeckt 10 Minuten dünsten. Mit Streuwürze, Pfeffer, Salbei würzen. Die Flüssigkeit langsam einkochen lassen.
5. Beim Anrichten das Fleisch mit frischer Kresse garnieren.

SCHLEMMEN ☐ 8

Schnittlauch-Schellfisch

FÜR 1 PERSON
150 g festkochende Kartoffeln
¹/₂ Tasse Milch
1 Ei
Zwiebelpulver
Salz
Pfeffer
1 EL Butter
1 EL Magerquark
1 TL Mehl
125 g Schellfisch
100 g Salatgurke
¹/₄ Tasse geschnittener Schnittlauch

1. Kartoffeln schälen, waschen. 100 g kochen und mit den rohen Kartoffeln fein raspeln.
2. Backofen auf 200 °C vorheizen.
3. Kartoffelmasse mit 2 EL Milch, dem Ei, Zwiebelpulver, Salz und Pfeffer vermengen.
4. Kartoffelmasse in eine kleine, ausgebutterte Auflaufform (am besten ringförmig) füllen, so daß der Boden flach bedeckt ist. Auflaufform in einen großen Kochtopf stellen, einige Zentimeter Wasser in den Topf füllen. Den Topf in den Backofen stellen und die Kartoffelmasse im Wasserbad 25 Minuten garen.
5. Für die Sauce 1 EL Magerquark, 5 EL Milch und 1 TL Mehl unter Rühren aufkochen.
6. Schellfisch in 2 Zentimeter dicke Würfel schneiden. Salatgurke schälen und in Scheiben schneiden.
7. Den Fisch, die Gurke und den

Schnittlauch in die Sauce geben, würzen, aufwellen und 3 Minuten ziehen lassen.

8. Die Kartoffeln vorsichtig aus der Auflaufform auf einen Teller stürzen, in der Mitte eine Mulde drücken und den Fisch hineinfüllen.

SCHLEMMEN ☐ 9

Runde Spinatgnocchi
(Foto Seite 133)

FÜR 1 PERSON
250 g mehligkochende Kartoffeln
50 g blanchierter Blattspinat
50 g Magerquark
1 Eigelb
50 g Mehl
1 EL Grieß
Pfeffer
Muskat
Salz
1 EL Butter (zum Bestreichen
der Auflaufform)
Sauce:
1 EL Butter
1 Knoblauchzehe
frische Petersilie
frische Salbeiblätter
1 EL saure Sahne
1 EL geriebener Parmesan

1. Kartoffeln in der Pelle weich kochen, abgießen, ein paar Minuten ausdampfen lassen. Sofort danach schälen und noch heiß durch eine Kartoffelpresse drücken.
2. Spinat und Quark in einem feinen Baumwolltuch gut auspressen. Mit

Eigelb, Mehl und Grieß in die Kartoffelmasse mengen. Mit mehlbestäubten Händen einen gut formbaren Teig kneten. Der Masse bei Bedarf mit noch etwas Mehl Festigkeit geben. Mit Pfeffer, Muskat und Salz würzen.
3. Reichlich Salzwasser zum Sieden bringen. Den Teig auf weniger als 1 Zentimeter Stärke flachdrücken. Runde Plätzchen formen (z. B. mit einem Glas vorsichtig ausstechen, Teig-Abfälle wieder verkneten).
4. Eine feuerfeste Auflaufform mit Butter einfetten.
5. Die Kartoffelplätzchen (Gnocchi) im Salzwasser wenige Minuten ziehen lassen. Sobald sie an die Oberfläche steigen, einzeln herausnehmen, abtropfen lassen und in die Auflaufform schichten.
6. Backofen auf 220 °C vorheizen.
7. Für die Sauce Butter in einem kleinen Pfännchen erhitzen. Den kleingequetschten Knoblauch und die fein geschnittenen Kräuter kurz dünsten und die Sahne unterziehen. Die Sauce über die Gnocchi gießen. Mit dem Parmesan bestreuen.
8. Auf der mittleren Schiene etwa 10 Minuten überbacken, bis die Sauce goldgelb wird.

Runde Spinatgnocchi
(Rezept links)

SCHLEMMEN ☐ 10

Orangenkartoffel
(Zwischengericht)

FÜR 1 PERSON
1 große mehligkochende Kartoffel
1 große Orange
3 EL saure Sahne
1 EL Grand Marnier (Orangenlikör)
1 TL Zucker

1. Kartoffel schälen, vierteln und weich kochen (etwa 20 Minuten).
2. Orange halbieren, aus beiden Hälften das Fleisch behutsam herauslösen, ohne die Orangenschale zu verletzen. Kartoffel reiben, in die Orangenhälften häufen, bei 100 °C im Backofen warmstellen.
3. Das Orangenfleisch in winzige Stücke hacken. Mit der sauren Sahne, dem Likör und dem Zucker vermengen und schaumig rühren.
4. Einige Löffel Creme auf die Orangen-Kartoffeln setzen. Den Rest dazu servieren.

SCHLEMMEN ☐ 11

Baked Potatoe mit Kaviar

FÜR 1 PERSON
1 große mehligkochende Kartoffel
Meersalz
100 g saure Sahne
50 g Kaviar

1. Backofen auf 200 °C aufheizen.
2. Die Kartoffel gründlich säubern. Im Backofen 60–70 Minuten durchgaren lassen.
3. Halbieren und mit der Gabel vorsichtig in das Fleisch der Kartoffelhälften stechen und es ein wenig lockern. Salzen.
4. Die Sahne in die Kartoffelhälften einmischen. Kaviar daraufhäufeln.

SCHLEMMEN ☐ 12

Kartoffeln »Cordon bleu«

FÜR 1 PERSON
2 große mehligkochende Kartoffeln
50 g Hartkäsescheiben
50 g gekochter Schinken
10 große Kopfsalatblätter
etwas Brühe (Fleisch-, Gemüse- oder
Extrakt) zum Dünsten
Thymian
Paprika
Kümmel
Streuwürze

1. Kartoffeln abbürsten, waschen, gar kochen und abkühlen lassen, pellen. Jede Knolle zweimal der Länge nach durchschneiden. Mit Käsescheiben und Schinken füllen.
2. Die Salatblätter 1 Minute kochen. Je 5 übereinanderlegen. Mit Thymian, Paprika, Kümmel und Streuwürze bestreuen. Die gefüllten Kartoffeln einwickeln.
3. In einer Kasserolle etwas Brühe erhitzen, Kartoffeln zugedeckt etwa 30 Minuten dünsten lassen.

SCHLEMMEN □ 13

Raclette

FÜR 1 PERSON
250 g mehligkochende Kartoffeln
125 g Raclette-Käse am Stück
(Schweizer Schnittkäse, auch als
»Gomser« im Handel;
ersatzweise Appenzeller
oder Tilsiter)
Butter (zum Einfetten)
2 EL kleingeschnittene
Delikateß-Gürkchen
2 EL kleine Cocktail-Zwiebelchen
schwarzer, grob gemahlener Pfeffer

1. Die Kartoffeln in der Schale möglichst erst kurz vor dem Servieren kochen und abdämpfen lassen.
2. Backofen (ideal mit Grill) auf Höchststufe vorheizen.
3. Den Käse in 3 dicke Scheiben schneiden (samt Rinde).
4. Feuerfesten Teller einfetten. 1 Käsescheibe darauflegen und im Backofen so erhitzen, daß der Käse leicht schmilzt (möglichst nicht bräunen lassen). Inzwischen Kartoffeln frisch pellen.
5. Käse sofort servieren, dazu Gürkchen, Zwiebeln und Kartoffeln anrichten. Den Käse mit schwarzem Pfeffer bestreuen.
6. Auf einem 2. Teller die nächste Käsescheibe zubereiten etc.

In der Schweiz wird Raclette in größerem Rahmen mit einem halben Käselaib zubereitet. Der Käse wird, mit der Schnittfläche nach oben, unter ein spezielles Grillgerät gespannt (oder im offenen Kamin erhitzt). Jede geschmolzene Schicht wird abgeschabt und sehr heiß serviert.

SCHLEMMEN □ 14

Kartoffel-Müsli mit Joghurt

FÜR 1 PERSON
1 Pellkartoffel (mehlig)
1 säuerlicher Apfel
1/3 Salatgurke
6 Radieschen
2 TL Zitronensaft
1 EL Honig
1/2 Becher magerer Joghurt
2 TL Weizenkeime

1. Gekochte Kartoffel und den Apfel schälen und würfeln. Salatgurke schälen und der Länge nach in feine Streifen schneiden. Radieschen säubern und in Scheiben schneiden. Alles zusammen in einer Schüssel mit dem Zitronensaft und Honig nach Belieben abschmecken.
2. Anrichten, Magermilch-Joghurt darübergießen und mit Weizenkeimen bestreuen.

Bleiben Sie der Kartoffel treu. Eine bessere Danach-Diät gibt es nicht

Eine erfolgreiche Ärztin erklärt die unzähligen Diät-Versager so: »Abnehmen ist spannend. Gewicht halten ist langweilig«.

Ich gebe ihr nicht recht. Gerade die Zeit danach kann so aufregend sein wie ein Krimi - und manchmal ist sie auch so dramatisch.

Stellen Sie sich zum Beispiel darauf ein, daß nicht jeder in Ihrer Nähe sich aufrichtig freuen kann, wenn Sie durchhalten und wahrlich schlanker werden. Je mehr Sie verlieren, umso mehr Verlustängste vielleicht in Ihrer Umgebung … An Sätzen wie »Ich meine, du hast früher, mit ein paar Pfunden mehr, besser ausgesehen« sind schon lebenslange Freundschaften zerbrochen. Womöglich hat die Zurückhaltung von Menschen, die einen eigentlich sehr mögen, auch mit den Statistiken über Diät-Erfolge zu tun. Von je 100 Testpersonen konnten nur neun ihren Gewichtsverlust ein Jahr lang beibehalten. Nach zwei Jahren waren es gar nur 6 Prozent. Nach fünf Jahren soll nur noch jeder 50. oder 100. sein Diät-Gewicht besitzen.

Es gibt jedoch auch Beispiele dafür, was außergewöhnliche Willenskraft bewirkt: Eine Gruppe von Herzinfarkt-

Würstchen im Kartoffelteig
(Rezept Seite 68)

Gefährdeten unterzog sich in New York einer strengen Abmagerungskur unter ärztlicher Kontrolle. Vier Jahre später hatten 71,7 Prozent der Teilnehmer immer noch das am Ende der Diät erzielte Gewicht. Ihre Stärke war der Wille zum Überleben. Wie also meistern Sie am besten die Zeit danach? Zunächst eine enttäuschende Information. Sofort nach dem Absetzen der Kartoffel-Diät, sozusagen mit den ersten fremden Bissen, vollzieht sich in Ihrem Körper eine grundlegende Veränderung. Da die entwässernde Wirkung der Kartoffel nicht mehr im gewohnten Maße vorhanden ist, speichert Ihr Gewebe wieder mehr Wasser – bis zu einem Liter. Ihr Gewicht wird deshalb, ohne gravierende Ernährungssünden, relativ schnell wieder um ein Kilo zunehmen. Das bedeutet: Wenn Sie ein bestimmtes Gewichtslimit erreichen möchten, dann sollten Sie sogar ein Kilo darunter liegen. (Ich persönlich aber empfehle Ihnen, nicht so streng zu Ihrem Organismus zu sein.)

Verfallen Sie nicht wieder in die alten Fehler

Eines darf der letzte Bissen Kartoffel-Diät nicht bedeuten: Daß Sie so essen und sich so verhalten wie früher. Leider ist Ihr Körper, was die Gewichtsbegrenzung betrifft, nicht Ihr zuverlässigster Verbündeter. Er wird immer wieder versuchen, da und dort ein kleines Depot anzulegen. Lassen Sie dies möglichst nicht zu. Seien Sie gewarnt: Es ist relativ einfach, sich 7000 überflüssige Kalorien anzuessen (jeden Tag 700 - und in eineinhalb Wochen ist es passiert). Sie bedeuten: ein Kilo mehr. Wenn Sie das aber wieder loswerden wollen, müssen Sie auf etwa 8000 (als Mann) bis 9000 (als Frau) Kalorien verzichten.

Wenn Sie ehrlich zu sich selber sind, werden Sie selber einsehen, daß süße Knabbereien, Kuchen und Torten künftig nicht länger zu Ihrem täglichen Brot gehören können. Gönnen Sie sich solche Freuden nur zu bestimmten Gelegenheiten. Und verwöhnen Sie sich dann lieber mit wenigen, jedoch besonders feinen Leckereien. Das dürfen Sie sich aber wirklich schmecken lassen. Machen Sie sich gleichzeitig bewußt, und sagen Sie es auch den anderen: »Essen ist für mich nicht mehr so wichtig«.

Ich muß Sie aber warnen: Manchmal werden gerade jene enttäuscht, denen es gelungen ist, ein Diät-Ziel zu erreichen. Vielleicht haben sie ihre Abmagerungskur mit einer ganz bestimmten Erwartung verbunden: Zum Beispiel, daß ein Mensch, der ihnen sehr viel bedeutet, ihnen mehr Beachtung schenken wird, wenn sie attraktiver geworden sein werden.

Erwarten Sie nicht, daß das Schlankwerden allein eine bestehende Schwierigkeit automatisch aus der Welt schafft. Gehen Sie davon aus, daß erst einmal nur Sie selber und Sie allein ermessen können, welch großartige Leistung Ihnen gelungen ist. Und genießen Sie ganz allein das Selbstwertgefühl, das Sie Ihrem Erfolg verdanken. Haben Sie Geduld. Wenn es kommt, kommt es

ganz von allein, daß Ihre neue Lebensfreude allmählich auch Ihr Fühlen und Handeln verändert. Denen, die auch das nicht merken werden, fehlen einfach die Antennen.

Ein Wissenschaftsrezept für die Zeit danach

Vielleicht interessiert es Sie, was das Institut für Ernährungswissenschaft an der Justus-Liebig-Universität, Gießen, in einem großangelegten Test 550 übergewichtigen Damen und Herren »danach« empfohlen hat. Erlaubt sind täglich: 180 Gramm Vollkornbrot, 150 Gramm Kartoffeln, 400 Gramm Gemüse und Salate, 150 Gramm Obst, 100 Gramm Fleisch, Fisch oder Eier, 60 Gramm Käse und 150 Gramm Milch. Die Wissenschaftler halten dies für eine optimale Lebensmittelauswahl (die nach Lust und Laune auf dieser Basis variiert werden kann). Ihr Urteil: »Würde es uns gelingen, den Verzehr von dunklem Brot und Kartoffeln zu steigern, könnten manche unserer Ernährungsfehler ausgeglichen werden. Auch in der Behandlung ernährungsbedingter Krankheiten und in der Schonkost können Brot und Kartoffeln eine wesentliche Rolle spielen.«

Heute beginnen immer mehr Menschen, die Welt durchs Essen zu sehen, wie die Autorin eines Büchleins mit dem Titel »Nahrung für einen kleinen Planeten«, die Amerikanerin Frances Moore-Lappé, es formuliert. Sie achten verstärkt auf vollwertige und hochwertige Kost und entdecken immer mehr

Gründe, auf Fleisch weitgehend zu verzichten.

Und plötzlich tanzt die Kartoffel auf vielen Hochzeiten gleichzeitig und wird heftig umworben. Die Anhänger alternativer Kost beugen mit Hilfe der Kartoffel durch reichere Zufuhr von Ballaststoffen und Nährsubstanzen Verdauungsschäden vor. Die Maîtres der Haute Cuisine schaffen die gewagtesten Kreationen aus ihr. Künstler huldigen ihr in ihren Werken. Die Amerikanerin Nora Ephron (Lieblingsthema: Zweier-Beziehungen, z. B. »Schlaflos in Seattle«) läßt die Knolle in ihrem amüsanten Roman »Sodbrennen« Schicksal spielen. Zitat:»Ich hatte Freundschaften, die bei einem Nudelgericht begannen, und Freunde, wo es mit Reis losging. Aber wann immer ich mich verliebe, geschieht es mit Kartoffeln... Sie markieren nicht bloß den Anfang. Manchmal, wenn ein geliebter Mensch verkündet, daß er eine kohlenhydratarme Diät beginnt, signalisiert er, daß das Ende naht. Wenn schließlich unvermeidlich alles aus ist, will ich nur Kartoffelpüree. Nichts übertrifft Kartoffelpüree, wenn du traurig bist. Nichts hilft besser, als sich ins Bett zu legen, mit einer Schüssel voll heißem Püree mit Butter darauf ... Ich habe beim Verlieben schon viele Fehler gemacht, und die meisten habe ich bereut. Doch niemals die Kartoffeln, die es dabei gegeben hat.«

Die Kartoffel-Diät macht schlank seit mehr als 60 Jahren. In ihrer einfachsten Form erinnert sie an die tägliche Kost in der guten, alten Zeit, als ein paar Knollen mittags und abends den Hunger von Groß und Klein stillen mußten. Die meisten Familien ernährten sich von dem, was ihre Felder und ihr Hof lieferten. Trotzdem war ihre Küche abwechslungsreich. Wie wohltuend, wie schmackhaft, wie bekömmlich die Wiederentdeckung der Kartoffel-Küche für Sie ist, haben Sie jetzt selbst erleben können. Bleiben Sie der tollen Knolle treu! Versäumen Sie nicht, möglichst viele junge Menschen dafür zu begeistern. Ersetzen Sie, sooft es geht, die sonst üblichen Beilagen durch Püree und Klöße, Puffer und Kroketten, Pellkartoffeln und Suppen.

Räumen Sie der Kartoffel auch ohne Diät-Programm die Hauptrolle auf Ihrem Teller ein. Je länger Sie das tun, umso eher wird Ihr Körper darauf verzichten, bei jeder kleinsten Ernährungssünde seine Fettspeicherzellen aufzufüllen. Die Erfahrung zeigt: Nach etwa zwei Jahren Essensdisziplin wird Ihr Gewicht nur noch ganz minimal nach oben schwanken. Mehr läßt der Körper dann gar nicht mehr zu.

Zwei Jahre, das sind hundert Wochen. Ein paar davon, die schwierigen ersten, haben Sie schon hinter sich.

Genuß mit Nostalgie: Die vergessene Kartoffel-Küche

Jetzt, da Sie mit Erfolg die Kartoffel-Diät gemeistert haben, werden Sie vielleicht auch an deftigerer, einfacher Kartoffelkost Gefallen finden. Viele Rezepte aus Großmutters Tagen sind in Vergessenheit geraten. Zu Unrecht. Das werden Sie auch finden, sobald Sie einige genossen haben.

Dick machen sie alle nicht. Dafür sorgen schon die reichlich vorhandenen Kartoffeln …

Ein Tip: Unsere Großmütter haben die Kartoffeln nicht einfach gewaschen und ruck-zuck gekocht. Sie hatten eine besondere Garmethode:

»Man setzt sie in einem Topf mit kaltem Wasser aufs Feuer, doch darf man nur soviel Wasser zugeben, daß die oberste Kartoffel unbedeckt ist, streut dann Salz und etwas Kümmel darauf und läßt sie gut zugedeckt solange kochen, bis sie beinahe gar sind. Dann gieße man das Wasser ab, decke ein reines zusammengeballtes Tuch über den Topf und außerdem den Deckel darüber und lasse die Erdäpfel auf einer heißen Stelle noch vollends weich dämpfen.«

Hier neun Grundrezepte aus der vergessenen Kartoffelküche.

Aufgerissene

FÜR 4 PERSONEN
1 kg mehligkochende Kartoffeln
Salz
2 altbackene Semmeln
etwa 150 g Butter
2 Zwiebeln, gewürfelt

1. Kartoffeln kochen, noch heiß schälen und reiben. Salzen. Semmeln in kleine Würfel schneiden und in einer Pfanne in 2 EL Butter hellgelb rösten. Unter die Kartoffeln mischen. Aus dem Teig mit feuchten Händen dicke runde Knödel formen.
2. Reichlich Salzwasser zum Kochen bringen. Knödel einlegen und in 20 Minuten gar ziehen lassen. Inzwischen restliche Butter schmelzen und die Zwiebelwürfel darin glasig dünsten.
3. Die fertigen Knödel aus dem Kochwasser heben, gut abtropfen lassen und mit zwei Gabeln aufreißen. Die noch heiße Zwiebelbutter darübergießen.

Dampfnudeln

FÜR 4 PERSONEN
500 g mehligkochende Kartoffeln
Salz
3 EL Butter
2 Eier
etwas Mehl
1 große Tasse Milch

1. Die Kartoffeln werden geschält und in Salzwasser gekocht. Noch heiß durch ein erwärmtes Sieb streichen und 1 EL Butter darin klarrühren.

2. Wenn die Masse erkaltet ist, verarbeitet man darin 2 ganze Eier und soviel Mehl, daß man einen glatten, feinen Teig erhält. Aus dem Teig fingerdicke Nudeln formen.

3. In einer breiten Kasserolle kocht man die Milch mit der restlichen Butter auf, legt die Nudeln ziemlich dicht nebeneinander in die kochende Milch und läßt sie in einem heißen Ofen ziehen. Die Milch darf nicht über den Nudeln stehen.

Kartoffelbrei

FÜR 4 PERSONEN
750 g mehligkochende Kartoffeln
Salz
¹/₄ l süße Sahne
120 g Butter
1 Zwiebel, in feine Ringe geschnitten
1 Bund Petersilie, gehackt

1. Kartoffel schälen, waschen, vierteln und in Salzwasser kochen. Sobald sie gar sind, abgießen, durch ein Sieb treiben oder mit dem Kochlöffel zerdrücken.

2. Sahne erhitzen und mit etwa 100 g Butter unter den Kartoffelbrei rühren. Zwiebelringe in der restlichen Butter gelb werden lassen und mit der Petersilie auf dem heißen Kartoffelbrei verteilen.

Geriebener Kartoffelsalat

FÜR 4 PERSONEN
750 g festkochende Kartoffeln
1 Zwiebel, fein geschnitten
Saft einer Zitrone oder 1 EL Essig
2 EL Salatöl
Salz
Pfeffer
1 Bund Schnittlauch

1. Kartoffeln kochen, erkalten lassen, schälen und auf einer groben Reibe reiben.

2. Kartoffeln, Zwiebeln, Zitronensaft (oder Essig), Öl und etwas Wasser (im Winter lauwarm) zu einem dicklichen Brei vermengen. Mit Salz und Pfeffer abschmecken. Vor dem Auftragen mit Schnittlauch bestreuen.

Geschmorte Kartoffeln

FÜR 4 PERSONEN
750 g mehligkochende Kartoffeln
1 Bund Petersilie
6 EL Butter
1 EL Mehl
1 große Tasse Fleischbrühe

1. Die Kartoffeln roh schälen, waschen und in kleine Stücke schneiden.

2. Mit der gehackten Petersilie in einer hohen Kasserolle in der zerlassenen Butter schmoren. Mit Mehl bestäuben. Die Fleischbrühe dazugießen, und alles noch einmal schmoren lassen.

Kartoffelpuffer

(Foto Seite 143)

FÜR 4 PERSONEN
750 g festkochende Kartoffeln
6 Eier
6 EL saure Sahne
2 EL Mehl
Salz
Butter zum Herausbacken

1. Die rohen Kartoffeln werden geschält, gewaschen und auf einem groben Reibeisen gerieben. Auf ein Küchentuch geben, zusammenwickeln und auspressen.
2. Die Eier trennen und aus dem Eiklar einen steifen Schnee schlagen. Jetzt die Kartoffelmasse mit dem Eigelb, der Sahne, dem Mehl, Salz und dem Eischnee zu einem Brei mengen.
3. Mit einem Löffel Portionen abstechen und im erhitzten Fett auf beiden Seiten goldgelb braten.

Kartoffelplatz

(Von einem Kartoffelplatz darf ruhig etwas übrigbleiben. In Scheiben geschnitten und angebraten, schmeckt er auch nach ein, zwei Tagen köstlich)

FÜR 4 PERSONEN
1000 g Weizenmehl
1 Tasse Milch
1 Päckchen Hefe
750 g mehligkochende Kartoffeln
1 EL Salz
130 g Butter

1. Einen TL Mehl mit der Milch und der Hefe verrühren. 15 Minuten stehen lassen. Backofen auf 200 °C vorheizen.
2. Kartoffeln schälen, waschen und reiben. Nach und nach das Mehl einrühren. Salzen, per Hand die Hefemischung unterkneten. Eine große Kastenform buttern. Den Teig einfüllen und gehen lassen, bis er den oberen Rand erreicht hat.
3. Etwa 30 Minuten bei 200 °C braun backen. Abkühlen lassen und in zentimeterdicke Scheiben schneiden.
4. Mit Butter, Apfelkraut oder Quark auftragen.

Kartoffelschnitzel

FÜR 4 PERSONEN
750 g festkochende Kartoffeln
1 Ei
2 EL Schweinehack oder
zerkleinerte Pilze
1/2 geriebene Zwiebel
Salz
Pfeffer
Paniermehl
Butter zum Herausbacken

1. Die Kartoffeln kochen, schälen und reiben. Mit Ei und dem Fleisch (oder den Pilzen) vermengen. Zwiebel, Salz und Pfeffer untermischen.
2. Zu dünnen Schnitzeln formen, in Paniermehl wenden und goldgelb braten.

Kartoffelpuffer
(Rezept links)

Unsere Großmütter haben aber noch viel mehr Köstlichkeiten aus Kartoffeln gezaubert. Zum Beispiel:

Kartoffelsuppe mit gebackener Leber

FÜR 4 PERSONEN
400g geschälte Kartoffeln
1 große Möhre
1 Stück Sellerie
1 Petersilienwurzel
1 Stange Porree
1 Zwiebel
4 Tassen Fleisch- oder Gemüsebrühe
Majoran
Thymian
Basilikum
3 Eier
Pfeffer
Muskat
2 dünne Scheiben Leber (Schwein, Rind)
3 EL Mehl
Semmelbrösel
Butter (zum Herausbacken)
Semmelwürfel

1. Die Kartoffeln und das Suppengemüse klein schneiden, in die Brühe geben, mit Majoran, Thymian und Basilikum würzen. Zum Kochen bringen und etwa 30 Minuten garen.
2. Eigelb und Eiklar verrühren, die mit Pfeffer und Muskat gewürzte Leber erst darin, dann in Mehl wenden, noch einmal in die Eimasse geben und zuletzt in Semmelbröseln wälzen. In der Butter herausbacken und die Semmelwürfel anrösten.

3. Die Kartoffelsuppe pürieren. Die gebackene Leber in Streifen schneiden und mit den Semmelwürfeln in die Suppe geben.

Kartoffelauflauf mit Speck

FÜR 4 PERSONEN
125 g geräucherter Speck
500 g mehligkochende Kartoffeln
4 Eier
1 Tasse Milch
Salz
30 g Butter
Semmelbrösel
1 Tasse saure Sahne
1 TL Mehl

1. Speck kochen und klein würfeln. Die Kartoffeln kochen, schälen und reiben. Backofen auf 200 °C vorheizen.
2. 3 (der 4) Eier und die Milch in einer großen Schüssel verquirlen, die Speckwürfel, die Kartoffeln und Salz dazumischen.
3. Auflaufform mit Butter ausstreichen und mit Semmelbröseln bestreuen. Den Teig einfüllen. Zuletzt die saure Sahne mit dem restlichen Ei und dem Mehl schnell schlagen und gleichmäßig über den Kartoffelteig verteilen.
4. Bis zu 1 Stunde im Backofen backen. Auf eine erwärmte Schüssel stürzen.

Schmor-Erdäpfel

FÜR 4 PERSONEN
*1200 g festkochende kleine
Kartoffeln
100 g Butter
Salz
4 EL Puderzucker*

1. Kartoffeln waschen, Schale abschaben, abtrocknen. In einer Auflaufform Butter heiß werden lassen. Kartoffeln einlegen, salzen und in der offenen Pfanne bei mäßiger Hitze von allen Seiten braun anbraten.
2. Zugedeckt unter fleißigem Rütteln gar werden lassen. Zuletzt den Puderzucker darüber streuen und die Erdäpfel kurz bei 250 °C im Backofen braun glasieren.

Schwäbische Bubenspitzle

Das sind »Würstchen« in der Größe des kleinen Fingers, die in Bayern »Fingernudeln« heißen. Mit Sauerkraut oder einem gemischten Salat als Beilage wird daraus ein sättigendes Gericht.

FÜR 4 PERSONEN
*750 g mehligkochende Kartoffeln,
am Vortag gekocht
Salz
Pfeffer
Muskat
2 Eier
130 g Mehl
etwas abgeriebene Zitronenschale
Fett zum Herausbacken*

1. Kartoffeln schälen und reiben. Mit den Gewürzen und Eiern zu einem Teig kneten. Zum Schluß rasch (nur wenig kneten) das Mehl einarbeiten.
2. Auf einem bemehlten Backblech den Teig sofort zu einer großen Rolle formen. Schräg sehr dünne, kurze Scheiben abschneiden. Daraus kleine Würstchen drehen, an einem Ende spitz, am anderen rund.
3. In einer tiefen Pfanne in reichlich Fett die Bubenspitzle goldgelb herausbacken.

Südtiroler Erdäpfelsuppe mit Speck

FÜR 4 PERSONEN
*200 g Speck
50 g Butter
1000 g kleine festkochende Kartoffeln
1/2 l Rinderbrühe
Salz
2 Bund Petersilie, gehackt*

1. Speck feinhacken und in der Butter gelblich rösten.
2. Erdäpfel abschaben und waschen. Die Brühe in einem Topf erhitzen, den Speck sowie die Erdäpfel dazugeben.
3. Noch soviel Wasser aufgießen, bis alles bedeckt ist. Mit Salz abschmecken und die Petersilie dazugeben. Die Suppe etwa 2 Stunden bei mäßiger Hitze köcheln lassen.

Erdäpfel-Polenta
Kartoffeln und Mais vertragen
sich gut

FÜR 4 PERSONEN
700 g mehligkochende Kartoffeln
500 g Polentamehl (Maismehl)
Salz
70 g Butter
100 g geriebener Parmesankäse

1. Kartoffeln in der Schale kochen,
schälen, noch heiß zerdrücken, mit
dem Maismehl vermengen. Den Teig
salzen.
2. Inzwischen 2 Liter Wasser zum
Kochen bringen. Den Teig hineinschüt-
ten. 15 Minuten lang kochen lassen.
Die aufquellende Masse mehrmals mit
einem Kochlöffelstiel »öffnen«, an-
stechen. Zuletzt mit dem Kochlöffel
alles zu einem dicken Brei verrühren.
3. Eine Backform mit 1 EL Butter ausstreichen, den heißen Brei einfüllen,
die Form zudecken und die Polenta etwa 30 Minuten fest werden lassen.
4. Polenta vorsichtig auf eine Servierplatte stürzen. Mit Hilfe eines Fadens
Schnitten abschneiden. Mit Parmesan
bestreuen. Restliche Butter heiß werden lassen und darübergießen.

Kartoffel-Wirrler
Das sind wohlschmeckende Rösti
aus der guten, alten Zeit

FÜR 4 PERSONEN
750 g mehligkochende Kartoffeln
1 Zwiebel
6 EL Weizenmehl
Salz
Pfeffer
Majoran
Fett zum Herausbacken

1. Kartoffeln kochen, abkühlen lassen,
schälen und in eine tiefe Schüssel
reiben. Die Zwiebel dazureiben. Mehl
untermengen und alles mit Salz, Pfeffer
und Majoran abschmecken.
2. In einer großen Pfanne Fett heiß
werden lassen und die gesamte Masse
auf einmal hineingleiten lassen. Wenn
bei mittlerer Hitze die Unterseite leicht
gebräunt ist, den Pfannkuchen mit einer
Gabel zerreißen und die Rösti unter
mehrmaligem Wenden in etwa 10 Minuten knusprig braten. Sofort servieren.

Kartoffeln mit saurer Sahne

FÜR 4 PERSONEN
100 g festkochende Kartoffeln
3 EL Butter
(für die Auflaufform)
$1/2$ l saure Sahne
1 Tasse geriebener Parmesankäse

1. Die Kartoffeln schälen, gut waschen
und in dünne Scheiben schneiden. Etwa
15 Minuten in siedendem Wasser
garen.

2. Backofen auf 200 °C vorheizen.
3. Auflaufform mit Butter ausschmieren, die auf einem Sieb abgetropften Kartoffeln schichtweise einlegen. Die saure Sahne mit dem Parmesankäse verquirlen und über die Kartoffeln gießen.
4. Im Backofen solange erhitzen, bis die Sahne eingezogen ist und die Kartoffeln weich, aber noch nicht ausgetrocknet sind.

Kartoffelpudding
Als Beilage zu Sauerbraten, Kalbs- oder Lammbraten

FÜR 4 PERSONEN
150 g Butter
450 g am Vortag gekochte mehlige Kartoffeln
5 Eier
Zitronensaft
2 EL saure Sahne
2 EL Semmelbrösel
Salz

1. Die Butter schaumig rühren. Die Kartoffeln flockig reiben. Eigelb und Eiklar trennen. Die 5 Eigelb und die Kartoffeln nach und nach in die Buttermasse einrühren.
2. Aus 3 Eiklar festen Schnee schlagen. Zuletzt mit dem Zitronensaft, der sauren Sahne, den Semmelbröseln und etwas Salz in die Kartoffelmasse unterziehen.
3. In einem großen Topf reichlich Salzwasser zum Sieden bringen. Die Kartoffelmasse in eine Stoffserviette einbinden und etwa 1 Stunde lang

kochen. (Oder: Auflaufform mit Butter ausstreichen, Semmelbrösel einstreuen und den Pudding im Backofen bei 200 °C etwa 1 Stunde lang backen.)
4. In fingerdicke Scheiben schneiden und zu Fleischgerichten servieren.

Dampfnudeln mit weißem Käse

FÜR 4 PERSONEN
400 g mehligkochende Kartoffeln
3 EL Mehl
2 Eier
10 EL geriebener Hartkäse
1/2 l Milch
2 EL Butter

1. Die Kartoffeln kochen, schälen und fein reiben. Mit dem Mehl, den Eiern und Käse zu einem Teig kneten.
2. Backofen auf 200 °C vorheizen.
3. Teig halbieren und auf einer mit Mehl bestäubten Arbeitsfläche zu zwei großen Nudeln formen.
4. Die Milch mit der Butter in einer Auflaufform langsam zum Kochen bringen. Die Dampfnudeln hineinlegen. Die Auflaufform auf der mittleren Schiene in den Ofen setzen, und die Kartoffelnudeln gelbbraun werden lassen.

Kartoffelauflauf mit Obstfüllung

FÜR 4 PERSONEN
300 g mehligkochende Kartoffeln
1 Tasse Milch
30 g Zucker
2 Eier
Salz
4 EL Butter
2 EL Mehl
6 kleinere Äpfel
gehackte oder geriebene Mandeln
Rosinen
Nüsse

1. Kartoffeln waschen, kochen, schälen und fein reiben. Mit der Milch, dem Zucker, den Eiern und wenig Salz zu einem Teig rühren.
2. Backofen auf 200 °C vorheizen.
3. Eine Auflaufform mit der Butter (2 EL) ausstreichen, mit dem Mehl bestäuben. Die halbe Kartoffelmasse einfüllen und glattstreichen.
4. Äpfel halbieren, Kerngehäuse entfernen. Die Äpfel dicht nebeneinander auf die Kartoffelmasse in die Auflaufform legen. Die Äpfel mit Mandeln, Rosinen und Nüssen füllen, nach Belieben süßen. Die andere Hälfte des Teiges darübergießen.
5. Die restliche Butter in Flocken pflücken, auf dem Teig verteilen. Im Backofen goldgelb backen (etwa 30 Minuten).

Gefüllte Kartoffelrollen

FÜR 4 PERSONEN
600 g mehligkochende Kartoffeln
1 Ei
Salz
Mehl (für die Arbeitsplatte)
100 g Pilze
100 g Tomaten
100 g Erbsen (gekocht oder aus der Dose)
Butter, Schmalz (zum Ausbacken)
Semmelbrösel (zum Panieren)

1. Kartoffeln waschen, kochen, schälen und fein reiben.
2. Aus der Kartoffelmasse mit Ei und Salz einen Teig kneten. Auf einer mit Mehl bestäubten Arbeitsplatte (und mit mehlbestäubten Handflächen) eine große Rolle formen. Mit einem Messer vorsichtig der Länge nach bis über die Mitte einschneiden.
3. Pilze kleinschneiden, Tomaten vierteln und zerdrücken, mit den Erbsen in 1 EL Butter andünsten. Die aufgeschnittene Kartoffelrolle der Länge nach damit füllen. Die Öffnung wieder schließen.
4. Die gefüllte Kartoffelrolle in Paniermehl wenden. Reichlich Fett in einer passenden Pfanne erhitzen, rundum braun braten.

Harmlose Sünden: Süße Kartoffel-Küche

Mögen Sie Süßes? Dann kann ich Ihnen zu Ihrer Kartoffel-Leidenschaft nur gratulieren. Eine der besten Eigenschaften dieser vielseitigen Knolle ist ihr unaufdringlicher Geschmack. Salzig oder süß, scharf oder mild – die Kartoffel läßt alles mit sich geschehen. Falls Sie also süße Kartoffelgerichte noch nicht kennen sollten, dann wird es Zeit, sie einmal auszuprobieren.
Übrigens: Das bißchen süße Sünde raubt der Kartoffel noch gar nichts von ihren gesunden Eigenschaften.
Noch ein Tip: Die Garzeit, besonders im Backofen, variiert je nach Größe, Sorte und Reife der Kartoffeln. Machen Sie also ab und zu ruhig eine »Stichprobe«.

Mohnknödel
Eine Kartoffel-Spezialität aus der österreichisch-ungarischen Küche

FÜR 4 PERSONEN
Knödel:
1000 g mehligkochende Kartoffeln
250 bis 300 g Mehl
1 Ei
30 g Grieß
160 g Butter
150 g (am besten frisch) gemahlener Mohn
Zucker zum Bestreuen
Fülle:
16 große gedörrte Pflaumen
4 EL Sliwowitz (Pflaumenschnaps)
50 g geriebene Schokolade
50 g geriebene Mandeln

1. Für die Fülle die Dörrpflaumen mehrere Stunden in Sliwowitz einweichen.
2. Für die Knödel die Kartoffeln in der Schale kochen, pellen und noch heiß durch die Kartoffelpresse drücken. Mit Mehl, Ei, Grieß und der nicht zu kalten Butter (100g) geduldig zu einem Teig verarbeiten.
3. Dörrpflaumen aus dem Sliwowitz nehmen und entsteinen. Die Einweichflüssigkeit mit der Schokolade und den Mandeln zu einer festen Masse kneten. Mit dieser Masse die Pflaumen füllen.
4. Handflächen mit Wasser benetzen. Etwa $1/16$ des Kartoffelteiges auf der Handfläche flach drücken, gefüllte Pflaume draufsetzen, Teigrand darüberklappen und einen Knödel formen (insgesamt 16 Stück).

5. In einem großen Kochtopf reichlich Salzwasser zum Sieden bringen. Die Knödel behutsam hineingleiten lassen und etwa 10 Minuten gar ziehen lassen.
6. Die restliche Butter (60g) erhitzen, Mohn kurz anrösten. Knödel, sobald sie an die Oberfläche steigen, herausnehmen, abtropfen lassen und im Mohn wälzen. Etwas zuckern.

Kartoffel-Krapfen
(Foto Seite 151)

FÜR 4 PERSONEN
500 g festkochende Kartoffeln
25 g Hefe
1/8 l Milch
100 g Butter
50 g Zucker
3 Eier
250 g Mehl
Salz
50 g gehackte Mandeln
50 g Rosinen
Fett (zum Ausbacken)
Puderzucker
Zimt

1. Die Kartoffeln waschen und in der Schale gar kochen. Gut abdampfen lassen, pellen und durch eine Kartoffelpresse drücken. Abkühlen lassen.
2. Die Hefe mit der Milch verrühren und an einem warmen Ort 15 Minuten aufgehen lassen.
3. Die Butter weich werden lassen und mit dem Zucker sahnig rühren. Nach und nach die Eier dazurühren und die Hefe-Milch daruntermischen.

4. Die Kartoffelmasse, das Mehl, eine Prise Salz sowie die Mandeln und die Rosinen dazugeben. Alles geduldig zu einem glatten Teig verrühren.
5. Zugedeckt an einem warmen Ort weitere 30 Minuten »gehen« lassen.
6. In einer Ausbackform reichlich Fett erhitzen – etwa zwei Finger hoch. Von der Teigmasse mit einem Teelöffel walnußgroße Bällchen abstechen und im heißen Fett ausbacken (ungefähr 24 Stück).
7. Puderzucker mit Zimt vermengen und die Kartoffel-Krapfen damit bestreuen.

Kaiserschmarrn
Natürlich wird der klassische mit Mehl zubereitet. Aber mit Kartoffeln ist er auch nicht zu verachten

FÜR 4 PERSONEN
500 g am Vortag gekochte Kartoffeln (fest- oder mehligkochend)
40 g Butter
1 Prise Salz
40 g geschälte, geriebene Mandeln
3 Eier
100 g Zucker
Fett zum Herausbacken
450 g Rosinen

1. Kartoffeln schälen, fein reiben. Mit der weichen Butter, dem Salz und den Mandeln vermischen. Eier trennen. Eigelb mit der halben Menge Zucker verquirlen und das Kartoffelgemisch

Kartoffel-Krapfen
(Rezept links)

gemisch unterheben. Eiweiß mit einer Prise Salz sehr fest schlagen und unterziehen.

2. In einer großen Pfanne reichlich Fett erhitzen. Genügend Teig einfüllen, um den Pfannenboden 1 Zentimeter zu bedecken. Beidseitig zu einem knusprigen Pfannkuchen backen. Zuletzt Rosinen dazugeben und die Pfannkuchen (noch in der Pfanne) mit zwei Gabeln grob zerreißen und bei mittlerer Hitzezufuhr unter mehrmaligem Wenden knusprig braten. Warmstellen und eventuellen Teigrest genauso verwenden.

3. Mit dem restlichen Zucker bestreuen. Dazu schmeckt Apfel- oder Pflaumenkompott, sowie Preiselbeermus.

Süße Erdäpfelmännle
Knusprige Leckerei aus der Oberpfalz. Dort serviert man dazu ein Kompott

FÜR 4 PERSONEN
12 mittelgroße festkochende Kartoffeln
6 EL Butter
500 g Quark
150 g Zucker
2 Eier
etwas abgeriebene Zitronenschale
100 g Korinthen
1/4 l Milch
2 Päckchen Vanillinzucker
4 TL Zimt

1. Kartoffeln waschen, schälen und reiben. Kartoffelsaft auspressen.
2. Backofen auf 200°C vorheizen.
3. Butter in einer großen Pfanne erhit-

zen und aus der Kartoffelmasse 16 kleine Puffer braten.

4. Quark mit Zucker, 1 Ei, der Zitronenschale und den Korinthen verrühren. Die Puffer damit üppig bestreichen, zusammenrollen und aufrecht dicht nebeneinander in eine feuerfeste Auflaufform stellen.

5. Das 2. Ei mit der Milch und dem Vanillinzucker verquirlen und über die »Kartoffel-Männle« gießen.

6. Im Ofen in etwa 20 Minuten knusprig backen. Mit Zimt bestreuen.

Kartoffel-Grieß-Speise
Gelingt am besten mit Lüneburger festkochenden Heidekartoffeln

FÜR 4 PERSONEN
250 g in der Schale gekochte,
abgekühlte Kartoffeln
250 g Grieß
250 g Zucker
1 unbehandelte Zitrone
2 EL Butter
1 Ei
1/2 l Milch
Butter (für die Auflaufform)
3 EL Paniermehl

1. Backofen auf 180°C vorheizen.
2. Kartoffeln pellen und fein reiben, mit Grieß, Zucker, der Zitronenschale, der weichen Butter und dem Ei verrühren. Nach und nach die Milch dazugießen.
3. Eine gebutterte Auflaufform mit Paniermehl ausstreuen. Den Kartoffelteig einfüllen und bei 180°C in mittlerer Höhe etwa 1 Stunde backen.

Kartoffel-Strudel mit Äpfeln

Gelingt am besten, wenn die Kartoffeln schon am Vortag gekocht werden.

FÜR 4 BIS 8 PERSONEN
350 g mehligkochende Kartoffeln
250 g Mehl
1 Päckchen Backpulver
125 g Zucker
100 g Butter
1 Päckchen Vanillinzucker
2 Eier
750 g reife Äpfel
65 g Rosinen
65 g Zucker
1 TL Zimt
Butter zum Bestreichen

1. Kartoffeln am Vortag kochen und pellen. Am nächsten Tag reiben und mit Mehl und Backpulver vermengen. Mit Zucker, Butter, Vanillinzucker und den Eiern kräftig und rasch zu einem festen Teig verarbeiten. Solange Mehl unterkneten, bis der Teig nicht mehr klebt.
2. Eine saubere Arbeitsfläche mit Mehl bestäuben. Den Teig zu einem großen Rechteck (mindestens 30 mal 40 Zentimeter) ausrollen.
3. Äpfel vierteln, Kerngehäuse entfernen und die Äpfel in Scheiben schneiden. Mit Rosinen, Zucker und Zimt gleichmäßig auf den Teig verteilen.
4. Teig-Rechteck zusammenrollen, an den Enden und seitlich verschließen, mit etwas flüssiger Butter bestreichen.
5. Backofen auf 200 °C aufheizen. Den Strudel in eine große Auflaufform legen und etwa 30 Minuten goldbraun backen.

Amerikanischer Orangenkuchen

FÜR 8 PORTIONEN
4 Eier
250 g Zucker
1 TL Backpulver
80 g Kartoffelstärke
Salz
3 EL Orangensaft
abgeriebene Schale einer
1/2 unbehandelten Orange
Butter für die Auflaufform

1. Die Eier in eine mittelgroße Schüssel schlagen und nach und nach den Zucker einrühren. Zu einer schaumigen Masse schlagen.
2. Das Backpulver und die Kartoffelstärke unterziehen, eine Prise Salz hinzufügen und alles zu einem dicklichen Teig verrühren.
3. Orangensaft dazugießen. Die Schale der halben Orange hinzufügen und gut unterziehen.
4. Auflaufform buttern. Den Boden und die Seiten mit Wachspapier belegen.
5. Backofen auf 175 °C erhitzen.
6. Den Orangenkuchenteig einfüllen und etwa 35 Minuten gar backen. Tip: »Stichprobe« machen!
7. Den Kuchen in der Form wenige Minuten abkühlen lassen, bevor Sie ihn auf eine Servierplatte stürzen.

Hausgemachte Aprikosenknödel
(Foto Seite 155)

FÜR 4 PERSONEN
1000 g mehligkochende Kartoffeln
Salz
2 Eier
8 EL (ca. 60 g Mehl)
16 erntefrische Aprikosen
16 Stück Würfelzucker
200 g Brösel
125 g Butter
4 EL (ca. 30 g) Puderzucker

1. Die Kartoffeln schälen, würfeln und in Salzwasser gar kochen. Noch heiß zerstampfen, durch ein Sieb streichen. Die Eier untermengen, die Masse geduldig kneten und nach und nach ausreichend Mehl einarbeiten, so daß sich die Knödelmasse zu einer dicken Rolle formen läßt. Die Teigrolle in 16 Scheiben zerteilen.
2. Aprikosen halb schneiden. Steine entfernen und durch Würfelzucker ersetzen.
3. Hände unter fließendem Wasser anfeuchten. Eine Teigscheibe auf die Innenfläche einer Hand legen, mit den Fingerspitzen der anderen Hand flachpressen. In die Mitte des Teigs eine Aprikose setzen und die Hand schließen. Knödel rund formen. Ca. 16 Klöße zubereiten.
4. In einem großen Topf erneut leicht gesalzenes Wasser zum Kochen bringen. Hitze verringern. Alle Knödel auf einmal einlegen. Im geöffneten Topf bei geringer Wärmezufuhr 20 Minuten gar ziehen lassen (bis sie oben schwimmen).

5. Brösel in zerlassener Butter behutsam bräunen. Aprikosenknödel in der Pfanne darin wenden. Mit Puderzucker bestreut servieren.

Kartoffel-Gugelhupf

FÜR 12 PORTIONEN
750 g mehligkochende Kartoffeln
125 g Butter
4 Eier
$1/2$ Tasse Milch
125 g Mehl
Salz
Zucker
15 g Hefe

1. Die Kartoffeln waschen und in der Schale gar kochen. Gut abdampfen lassen, pellen und durch eine Kartoffelpresse drücken. Abkühlen lassen.
2. Die Butter weich werden lassen und schaumig rühren. Die vier Eier dazurühren, danach die Milch, das Mehl und die Kartoffelmasse dazugeben und zu einem geschmeidigen Teig verarbeiten. Zuletzt je eine Prise Salz und Zucker hinzufügen und die Hefe unterziehen.
3. Eine Gugelhupfform mit Butter ausstreichen. Den Teig einfüllen und an einem warmen Ort aufgehen lassen.
4. Den Backofen auf 185 °C erhitzen. Den Gufelhupf in etwa 45 Minuten gar backen. Tip: »Stichprobe« machen.
5. Kuchen abkühlen lassen und aus der Form stürzen.

Hausgemachte Aprikosenknödel
(Rezept links)

Kartoffel-Dreieck

FÜR 4 PERSONEN
300 g mehligkochende Kartoffeln
300 g Mehl
1 Päckchen Backpulver
125 g Zucker
1 Päckchen Vanillinzucker
1 Ei
50 g Butter
Mehl zum Bestäuben der Arbeitsfläche
Aprikosen- oder Orangenmarmelade
Butter zum Bestreichen des Backblechs
Ei (verquirlt), zum Bestreichen

1. Die Kartoffeln am Vortag waschen und gar kochen. Am nächsten Tag pellen und fein reiben.
2. Die Kartoffelmasse mit dem Mehl, dem Backpulver, dem Zucker, dem Vanillinzucker, dem Ei und der Butter zu einem zäh-festen Teig kneten. Solange Mehl einarbeiten, bis er nicht mehr klebt.
3. Auf einer sauberen und mit Mehl bestäubten Arbeitsfläche den Teig ausrollen, so dünn es geht. Handgroße Dreiecke herausschneiden.
4. Die dreieckigen Teigstücke mit Marmelade bestreichen und von der langen Seite her zusammenrollen.
5. Den Backofen auf 200 °C vorheizen. Backblech einfetten. Die Kartoffel-Dreiecke zu Hörnchen biegen, aufs Backblech setzen und mit dem Ei bestreichen.
6. In etwa 20 Minuten goldbraun backen.

Kartoffel-Marzipan-Torte

FÜR 8 PORTIONEN
Torte:
375 g gekochte, erkaltete Kartoffeln
4 Eigelb
250 g Zucker
100 g Mehl
1 Päckchen Backpulver
1 TL Zimt
1 unbehandelte Zitrone
125 g gemahlene Haselnußkerne
4 Eiweiß
2 EL Brösel
Tortenguß:
200 g Puderzucker
1 TL Zitronensaft
1 EL Arrak oder Cognak
6 Marzipankartoffeln (zum Verzieren)

1. Den Backofen auf 175 °C vorheizen.
2. Kartoffeln pellen und durch eine Kartoffelpresse drücken.
3. Eigelb und Zucker schaumig schlagen, Mehl, Backpulver und Zimt darübersieben. Die Schale der Zitrone auspressen und den Saft (bis auf 1 TL für den Tortenguß) einrühren.
4. Eiweiß zu festem Schnee schlagen und unter die Kartoffelmasse ziehen.
5. Beide Massen vermengen. Tortenform mit Bröseln ausstreuen. Den Teig einfüllen.
6. Bei 175 °C etwa 60 Minuten lang backen (»Stichprobe«).
7. Puderzucker, Zitronensaft und Alkohol verrühren. Die Torte während des Abkühlens mit dem Guß überziehen. Mit den halbierten Marzipankartoffeln verzieren.

Rezeptregister